VORWORT

Eine Herzensangelegenheit
Nicht wenige Menschen, die ihre Heimat verlassen, um woanders Glück und Erfolg zu finden, bleiben ein Leben lang mit ihr verbunden. Bei mir war und ist es nicht anders. Ich bin im Harz aufgewachsen, genauer gesagt im kleinen Ort Buntenbock. In Clausthal-Zellerfeld habe ich mein Abitur gemacht, dort studiert. Dann ging es in die internationale Finanzwelt nach Frankfurt und London. Ich war viel unterwegs, meine Perspektive hat sich globalisiert. Den Bezug zu meinen Ursprüngen habe ich dennoch nie verloren. Was mich als junger Mensch am Harz faszinierte, berührt mich noch heute. Die Menschen, diese oft bodenständigen und zugleich offenen Charaktere. Die beeindruckende Natur, durch deren Wälder ich als junger, ambitionierter Langläufer meine Spuren zog. Die engagierten Sportvereine. Die erfolgreichen mittelständischen Unternehmen. Es gibt so vieles, was ich an dieser Region schätze. Doch warum muss aus dieser Heimatliebe gleich ein Buch werden? Schließlich gibt es über den Harz bereits so einiges an Literatur.

Über Menschen und ihre Perspektiven
Vor etwa vier Jahren lernte ich über einen gemeinsamen Bekannten Lars Wiedemann kennen, einen renommierten Berliner Fotografen und wunderbaren Menschen, der sich in seiner fotografisch-künstlerischen Arbeit mit der Veränderung von Kultur- und Industrielandschaften beschäftigt. Es entstand die Idee, den Harz in einem hochwertigen Fotobuch zu porträtieren. Jenseits aller Klischees, in seinen vielfältigen, selbst Einheimischen oft noch unbekannten Facetten. Lars und ich machten uns einfach auf den Weg. Doch je tiefer wir in den Harz eintauchten, je mehr Menschen wir trafen, desto klarer wurde: Dieses Buch muss mehr sein.

Melanie Funke von HARZKIND hat uns in unseren Gesprächen inspiriert, das Projekt um eine menschliche, erzählerische Komponente zu erweitern: um die Menschen und ihre unterschiedlichen Perspektiven. So wurde aus einer reinen Fotodokumentation eine visuelle und inhaltlich tiefgehende Auseinandersetzung mit der Region. Und je mehr Menschen wir sprachen, desto klarer kristallisierte sich eine Frage heraus: Wie gelingt einer Region mit solch ausgeprägten Traditionen, mit diesen tiefen historischen Wurzeln der Übergang in die moderne Welt? Und vor allem: Wie lässt sich diese Veränderung in Zeiten von Globalisierung, Wirtschaftskrise, Klima- und demografischem Wandel positiv gestalten, ohne die eigene gewachsene Identität aufgeben zu müssen?

Eine Region geht nach vorn
Unzählige Male waren Lars und ich in den vergangenen Jahren im Harz unterwegs. Lernten Menschen und ihre Geschichten und Ideen kennen, hielten unsere Eindrücke in Bildern fest. Unser Projekt wurde zu einer Reise, die uns vor allem eines lehrt: Die Transformation ist im Harz bereits in vollem Gange. Und sie geht nicht mit einem Verlust an Tradition und Identität einher. Das vielversprechende Neue speist sich gerade aus einer reichen Vergangenheit. Aus einer über Jahrhunderte gewachsenen Identität, die das Potenzial in sich trägt, die Zukunft zu gestalten.

Aus der sterbenden Fichtenmonokultur, die den Harz so lange prägte, erwächst ein neuer, vielfältigerer, robuster Wald. Aus den alten Traditionen des Bergbaus entwickelten sich zukunftsweisende Institutionen und Unternehmen, die Tradition mit Innovation verbinden. In den alten, von Fachwerk geprägten Baudenkmälern gibt es international beachtete, mutige kulturelle Aufbrüche. Im vom Wintersport geprägten Harz wird der Klimawandel nicht nur zum Problem, sondern als Chance für neue, ganzjährige Angebote genutzt.

Der Harz bietet unzählige inspirierende Beispiele für nachhaltigen Fortschritt. Menschen, Vereine, Initiativen und Unternehmen, die neue Wege gehen und etwas bewegen. Das Ziel dieses Buches ist es, diese positiven Entwicklungen in den Vordergrund zu stellen und damit ein Zeichen zu setzen: Im Harz geht es nach vorn.

NEUHARZ – eine gemeinsame Bewegung
Ich selbst habe in meinem Leben viel Glück gehabt und möchte etwas zurückgeben, dem Harz und seinen Menschen etwas schenken – eine neue Perspektive, eine Plattform, eine Stimme. Deshalb soll dieses Buch Teil einer größeren Initiative sein, geplant sind Ausstellungen, Veranstaltungen und Plattformen zum Austausch. NEUHARZ soll Menschen zusammenbringen, um gemeinsam an einer positiven Zukunft für die Region zu arbeiten.

Wir haben heute mehr Möglichkeiten als je zuvor. Trotz Globalisierung, trotz Strukturwandel – oder gerade deswegen. Das Internet eröffnet uns neue Wege, uns zu vernetzen und Dinge zu bewegen. Wer heute in einer Region wie dem Harz lebt, hat Zugang zu weltweiten Märkten, zu Wissen, zu Menschen.

Gerade in einer Zeit, in der viele Regionen mit politischem Populismus und einer rückwärtsgewandten Sichtweise zu kämpfen haben, ist es umso wichtiger, ein Gegenmodell zu zeigen. Eine Alternative, die nicht Wut entfacht, sondern Mut macht.

Dieses Buch soll Inspiration und Impulsgeber sein – für den Harz und für jede Region, die vor ähnlichen Herausforderungen steht. Lassen wir uns nicht von Problemen lähmen, sondern von Möglichkeiten begeistern. NEUHARZ zeigt, dass selbstbestimmter Wandel möglich ist, ohne die eigene Herkunft zu verleugnen. Dass sich die Heimat verändern kann und muss, um Menschen eine Zukunft geben zu können. Aber dabei eben doch immer eines bleibt: Heimat.

Packen wir es an. Jetzt ist die beste Zeit, um etwas zu bewegen.

INHALT

184 KULTUR

Außen Tradition, innen Zukunft

240 SPORT

Vom Winter ins ganze Jahr

NATUR

Von Mono zu Vielfalt

Kahle Flächen, neue Perspektiven: Die weiten Fichtenwälder, die lange Zeit das Bild vom Harz prägten, sind durch Klimawandel und Borkenkäfer dem Untergang geweiht. Doch der traurige Anblick täuscht. Nicht nur im Nationalpark wächst längst ein resistenterer, vielfältigerer Mischwald heran. Wer hinschaut, sieht: Die Natur im Harz ist dabei, sich auf faszinierende Art und Weise neu zu erfinden.

UNTERGANG

Das Ende von mehr als 250 Jahren Monokultur – ein Leichenwald.

AUFERSTEHUNG

Aus dem Totholz erwacht der Wald der Zukunft. Im Kleinen. Unaufhaltsam.

ZEIT DES ÜBERGANGS

Zwischen grauen Baumstümpfen widerstehen junge Fichten den Herausforderungen.

DICHTE VIELFALT

Die neue Waldwildnis wächst heran. Widerstandsfähiger, diverser und deutlich bunter.

AUF VERLORENEM POSTEN

Vom Menschen gewollt, dominierte die Fichte lange Zeit. Borkenkäfer und Trockenheit ist sie auf Dauer nicht gewachsen.

NEUE HELDEN

An vielen Stellen wachsen Laubbaumarten nach. Die Vorhut eines Mischwaldes, der Klimawandel, Stürmen und Schädlingen besser widersteht.

ZERSTÖRERISCHE FRASSGÄNGE
Der Buchdrucker ist die am weitesten verbreitete Borkenkäferart im Harz. Sein Name verweist auf seine Fraßgänge unter der Rinde, die wie ein Buchdruckmuster aussehen. Wenn sich die Larven des Borkenkäfers durch das Bastgewebe unter der Rinde fressen, wird der Baum vom Nährstoff- und Wassertransport abgeschnitten und stirbt schließlich ab.

DER TRANS FOR MATOR

SPEZIAL FAKTOR

DER BUCHDRUCKER
Dieser kleine Vernichter ist ca. 2–3 mm breit und 3–5 mm lang – ungefähr so wie dieser kleine Punkt.

Kleines Insekt, große Wirkung
Für viele Waldbesitzer sind Borkenkäfer reine Schädlinge. Für den Wald dagegen sind sie vor allem eines: äußerst effiziente Erneuerer, die geschwächte, kranke und alte Bäume befallen und abbauen. Indem sie Platz schaffen für neue, gesunde Pflanzen, fördern sie die Waldverjüngung und tragen zu einem dynamischen und vielfältigen Ökosystem bei.

RESILIENTE INSELN
in einem grau-braunen Meer

MONO-ROMANTIK
Die endlosen Fichten-Monokulturen, die Forstbehörden und Privatwaldbesitzer nach dem Zweiten Weltkrieg gesetzt haben, sterben heute, weil die Böden trockener sind und die Sommer wärmer. Zwischen den dicht an dicht gesetzten Bäumen breitet sich der Borkenkäfer leicht aus.

WALD IM WANDEL

Kahle Flächen von gewaltigem Ausmaß, eine apokalyptisch anmutende Ödnis voller Baumleichen: Viele Menschen trauern um das vertraute Bild des Harzer Waldes. Dabei sah der über Generationen von Fichten dominierte Harz einst ganz anders aus. Bis ins frühe Mittelalter prägten urwüchsige Buchen-, Ahorn-, Birken- und Eschenwälder das Mittelgebirge. Baumriesen, deren Umfang denen der heutigen Mammutbäume in den Nationalparks der USA ähnelte, waren keine Seltenheit. Nur in den Höhenlagen des Oberharzes herrschte damals die Hochlandfichte vor, und die Region war viel stärker als heute von schwer zugänglichen Mooren durchzogen.

Ein Wald von Menschenhand

Mit der Erschließung des Harzes im 10. Jahrhundert begann ein tiefgreifender Wandel. Der zunehmende Bergbau benötigte Unmengen an Holz, vor allem zur Stabilisierung der Stollen. Zusätzlich machte die Köhlerei, die aus Holz Holzkohle herstellte, die zur Energieversorgung der Erzschmelzen diente, einen Großteil der Wälder zunichte. Ab dem 16. Jahrhundert waren die ursprünglichen Urwälder größtenteils gerodet, und erstmals begannen die Harzer ihre Berge wieder aufzuforsten. Die schnell wachsende Fichte, die sich besonders gut als Bauholz eignet, startete ihren Siegeszug. Der menschengemachte Wirtschaftswald entstand.

Nach dem Zweiten Weltkrieg zahlte Deutschland Reparationsleistungen an Großbritannien größtenteils in Form von Holzlieferungen. Dies führte zu großflächigen Abholzungen und dann zur massenhaften Anpflanzung von Flachlandfichten, die für das Mittelgebirge wenig geeignet sind. Innerhalb kurzer Zeit entstand ein Wald mit gleichaltrigen, ähnlich großen Bäumen, der das Bild des Harzes über Jahrzehnte prägte. Die Grundlage für das heutige Waldsterben war gelegt.

Die Katastrophenserie

Als die Orkane Kyrill 2007 und Friederike 2018 über den Harz zogen, traf es vor allem die Nachkriegs-Fichtenbestände. Die zunehmende Hitze und Trockenheit der Sommer, eine Folge des Klimawandels, hatte dem Wald bereits stark zugesetzt. Da Fichten flach wurzeln, fällt es ihnen in Dürreperioden schwerer, an Wasser zu gelangen. Sie produzieren zudem weniger Harz, das als natürlicher Abwehrstoff gegen Borkenkäfer dient. Diese vermehren sich durch die längeren Wärmeperioden und immer kürzeren Winter explosionsartig, mit teils bis zu zwei Generationen pro Jahr. Sobald ein Baum befallen ist, senden Borkenkäfer mit Duftstoffen Signale an andere Käfer, die sich ebenfalls ansiedeln. Dieser kollektiven Angriffsstrategie sind geschwächte Bäume kaum gewachsen.

Das Ergebnis ist „Kahlfraß": Das großflächige Absterben der Fichtenmonokulturen veränderte nicht nur das Landschaftsbild drastisch, sondern beeinflusste auch die Biodiversität, den Wasserhaushalt und die Bodenerosion. Ohne die stabilisierende Wurzelstruktur sind ganze Berghänge nun Wind und Regen ungeschützt ausgesetzt.

Doch so furchtbar der Anblick kahler Berghänge auch sein mag: Der Borkenkäfer schafft den notwendigen Raum für die Entwicklung eines widerstandsfähigeren und artenreicheren Mischwalds.

Rund 90 % der Fichten im Harz sind inzwischen abgestorben.

EROSION
Wo die Bäume fehlen, halten auch keine Wurzeln mehr das Erdreich fest.

VERÄNDERTES LANDSCHAFTSBILD

Selbst ein toter Wald hat seine eigene Ästhetik....

TRANSFORMATION
Der Umbau zu widerstandsfähigeren Mischwäldern ist in vollem Gange.

Die Zukunft beginnt
Das Waldsterben im Harz offenbart die Herausforderungen, denen viele deutsche Wälder gegenüberstehen. Rund ein Viertel aller Bäume in Deutschland sind Fichten. Bei einer prognostizierten Erwärmung von zwei Grad bis zum Jahr 2100 wird es in Deutschland nur noch wenige Orte geben, an denen die Fichte geeignete Bedingungen vorfindet. Da Bäume langsam wachsen, muss die Entscheidung, wie der Wald der Zukunft aussehen soll, daher jetzt getroffen und umgesetzt werden.

Nach der Katastrophe begannen Forstexperten im großen Stil, klimaresistentere Baumarten zu pflanzen. Laubbäume wie Buche, Eiche und Ahorn sollen die anfälligen Fichten langfristig ersetzen und stabile, vielfältigere Wälder schaffen. Noch suchen Waldbesitzer, Forstwirtschaftler und Ökologen nach der optimalen Baumarten-Mischung. Auch Zedern, Esskastanien oder Douglasien, die im Mittelmeerraum beheimatet sind, kommen infrage. Ob sich die heute gepflanzten Bäume jedoch in Zukunft bewähren werden, wird sich erst in Jahrzehnten zeigen.

Wer heute durch den Harz wandert, entdeckt in dieser Zeit des Übergangs völlig neue, spannende Ausblicke und Perspektiven, die sich durch die vorübergehenden Schneisen im Wald ergeben. Dass es sichtbar wieder aufwärts geht, zeigt das viele junge Grün zwischen den toten Fichten. Der Wald erholt sich. Die Bäume, die nach dem Sturm Kyrill 2007 gepflanzt wurden, sind mittlerweile rund zehn Meter hoch. Experten gehen davon aus, dass der Harz in etwa 15 Jahren wieder einen schönen Anblick bietet. Die Wiederauferstehung des Harzer Waldes ist in vollem Gange – ein Wald im Wandel hin zu mehr Widerstandsfähigkeit, Vielfalt und Nachhaltigkeit.

Seit dem Jahr 2008 wurden bereits über 6,4 Millionen junge Laubbäume gepflanzt.

VOM EINZELHANDEL IN DEN NATURSCHUTZ

Der gebürtige Hannoveraner Dr. Roland Pietsch steckt in seiner Ausbildung zum Einzelhandelskaufmann, als ihm bei Fahrradtouren zwischen Odenwald und Pfälzerwald seine Leidenschaft für die Natur bewusst wird und er sich für ein Studium der Forstwissenschaften und Waldökologie entscheidet. Danach sammelt Pietsch internationale Erfahrungen, unter anderem in Paraguay, Gabun und Ghana, wo er in Kooperation mit der GTZ, heute GIZ, eine Forstabteilung mit über 600 Mitarbeitern leitet. Als Geschäftsführer einer Biologischen Station des NABU an der niederländischen Grenze baut er ein Besucherzentrum auf. Nach mehreren Jahren der freiberuflichen Beratung im Spannungsfeld zwischen Ökonomie und Ökologie und einem Referatsleiterposten bei der Oberen Naturschutzbehörde in Koblenz übernimmt er schließlich im August 2021 die Leitung des Nationalparks Harz. Für ihn ist es eine Risikoentscheidung, die er jedoch bis heute nicht bereut. Längst ist der Nationalpark für Pietsch mehr als ein Arbeitsplatz – er ist auch seine Heimat, der er sich stark verbunden fühlt.

Ein Hotspot der biologischen Vielfalt

„Mich beeindruckt im Nationalpark Harz vor allem die Vielfalt: Für Besucher gibt es hier rund 10.000 Tier-, Pflanzen- und Pilzarten zu entdecken. Für die Biodiversität spielt das derzeit in großen Mengen vorhandene Totholz eine entscheidende Rolle, da es die Garantie für eine zügige und flächige natürliche Wiederbewaldung mit einheimischen Arten bietet. Zu dieser wachsenden Vielfalt im Nationalpark gehört auch unser erfolgreiches Luchs-Projekt. Der Harz ist heute die führende Region in Europa für die Wiederansiedlung dieser faszinierenden Katzen. Anfänglich war es nicht einfach, Akzeptanz zu gewinnen, da der Mensch den Luchs vor langer Zeit ausgerottet hatte. Heute ist das Tier Sympathie- und Werbeträger der Region und ein Symbol für die Artenvielfalt und den Erfolg des Naturschutzes im Harz. Durch enge Zusammenarbeit mit Experten und die Integration in nationale und internationale Netzwerke konnten wir hier große Fortschritte erzielen. Es freut mich sehr, dass unser Ansatz sowohl regional, national als auch international Anerkennung findet."

Die neue Wildnis und ihre gesellschaftliche Relevanz

„Es ist beeindruckend, wie sich der Wald natürlich regeneriert und eine neue Vielfalt entwickelt. Doch der Waldwandel erfordert Geduld und auch strategisches Denken und Handeln. Durch faktenbasierte Argumente und transparente Arbeit überzeugen wir zunehmend auch unsere Kritiker. Wie sehr die Themen Wildnis und Natur gesellschaftliche Megatrends ansprechen, spiegelt sich auch in den steigenden Besucherzahlen wider. Auf den über 600 Kilometern Wanderwegen und rund 150 Kilometern Loipen können die Menschen den Nationalpark eindrucksvoll erleben. Unser Schutzgebiet hat sich längst zu einem zentralen Identifikationsmerkmal der Region und einem bedeutenden Wirtschaftsfaktor für den Tourismus entwickelt. Besonders stolz bin ich auch auf Projekte wie das Junior Ranger-Programm, mit dem wir begeisterte Kinder und Jugendliche aus der Region fit in Nationalpark- und Naturschutzthemen machen. Wichtige Brücken zwischen Naturschutz und Gesellschaft schlagen zudem unsere kulturellen Veranstaltungen wie die Kunstausstellung ‚Natur – Mensch' in St. Andreasberg, die Fotoausstellung HarzNATUR in Osterode, die Wechselausstellungen im Nationalparkhaus im Ilsetal und die neue Partnerschaft mit dem Musikfestival ROCKHARZ in Ballenstedt."

Enge Kooperation als Schlüssel zum Erfolg

„Neben unserer Expertise in den Bereichen Waldökologie und Naturschutz brauchen wir im Nationalpark auch noch andere Fähigkeiten. So war die Fusion 2006 der beiden Nationalparks im Ost- und Westharz eine große Aufgabe, die durch intensive Kommunikation und positive Zusammenarbeit gemeistert wurde. Wir schauen immer, was uns mit anderen verbindet. Dabei arbeiten wir eng mit verschiedenen Behörden und Organisationen zusammen. Wir führen über 60 wissenschaftliche Programme durch und kooperieren dafür mit renommierten Institutionen wie z. B. der Universität Göttingen, der Nordwestdeutschen Forstlichen Versuchsanstalt, dem Julius Kühn-Institut und dem Helmholtz-Zentrum für Umweltforschung. Mit Partnern wie der Hochschule Harz und der Ostfalia Hochschule engagieren wir uns zudem für eine nachhaltige Mobilität in der Region. Diese Bereitschaft zu Austausch und Kooperation als verlässlicher Partner in der Region ist uns besonders wichtig."

VERJÜNGUNG

Nationalparks schützen natürliche Prozesse. Wer hinschaut, sieht: Die Natur repariert sich selbst. In einem Kreislauf von der Totholzphase zur Verjüngung.

Die Zukunft des Nationalparks: wild, skandinavisch und nachhaltig

„Der Wald entwickelt derzeit und für die nächsten Jahrzehnte ein eher skandinavisch geprägtes Erscheinungsbild mit Baumarten wie der Birke, Eberesche, Weiden, Pappeln, Fichten und wird sich in vielen Bereichen in wenigen Jahren schon wieder geschlossen haben. Er ist jünger, heller und viel abwechslungsreicher als zuvor, mit einer beeindruckenden Artenvielfalt. Wir werden weiterhin darauf hinarbeiten, unsere Philosophie der Wildnis eng mit der touristischen Bedeutung des Gebietes zu verbinden. Gleichzeitig wollen wir die Zusammenarbeit und Akzeptanz in der Region weiter stärken. Mein Ziel ist es, den Nationalpark als Vorreiter für Naturschutz und nachhaltigen Tourismus weiter zu etablieren, der Wildnis und Gesellschaft miteinander verbindet. Der Slogan „Nationalpark Harz – das wilde Herz des Harzes" beschreibt nicht nur die Herausforderungen, sondern auch die großen Chancen. Mit engagierten Mitarbeiterinnen und Mitarbeitern und einer starken Verbindung in die Region sind wir gut aufgestellt, um dieses Ziel zu verwirklichen."

LEBENSRAUM
Etwa 25 bis 30 Prozent aller im Wald lebenden Arten sind auf Totholz in seinen verschiedenen Zersetzungsstadien angewiesen. Als Unterschlupf, Nahrung und Lebensraum. An der Zersetzung eines Baumstammes sind ca. 600 Großpilzarten und rund 1.350 Käferarten beteiligt.

„Ein besonderen Moment im Nationalpark erlebte ich an einem warmen Sommerabend in der Nähe der Hanskühnenburg: Ein kräftiges Gewitter zieht auf. Es folgen Sturm und Regen, dann ein atemberaubender Sonnenuntergang. Diese Verbindung von Wildnis und Naturgewalt beeindruckt mich immer wieder."

DOKUMENTIEREN
und festhalten, was sich verändert.

DIE WILDNIS VON MORGEN WÄCHST BEREITS JETZT

Ausgedehnte Wälder auf dem Weg zur Wildnis, bizarre Felsen, mystische Moore, ein UNESCO-Weltkulturerbe aus Wasser und über allem der höchste Berg Norddeutschlands: Der sich über zwei Bundesländer erstreckende Nationalpark Harz spart nicht mit Superlativen.

Das Gesetz der Natur
Wie die kommerziell genutzten Harzer Forste, so sind auch die Wälder des Nationalparks vom Klimawandel und vom großen Fichtensterben betroffen. Und doch ist hier vieles anders. Der Borkenkäfer etwa gilt hier als äußerst effektiver Entwicklungshelfer eines widerstandsfähigen, klimaangepassten Ökosystems. Und während die Forstexperten in den Wirtschaftswäldern die Entwicklung durch das Fällen von befallenen Bäumen und die Auswahl und Neuanpflanzung bestimmter Laubbaumarten bewusst steuern, gibt im Nationalpark vor allem eine die Richtung und Geschwindigkeit des Wandels vor: die Natur selbst. Auf über 70 Prozent der Fläche des Nationalparks wird die Natur bereits weitestgehend sich selbst überlassen.

Totholz als Lebenselixier
Zu den natürlichen Prozessen, die im Nationalpark bewusst zugelassen werden, gehört auch natürlicher Zerfall und Zusammenbruch. So bleiben die unzähligen grauen Fichtengerippe einfach stehen oder dort liegen, wo sie fallen. Im Nationalpark bedeutet Totholz nicht das Ende, sondern der Anfang einer neuen Vielfalt. Vielen Lebewesen dient es als Nahrung, Versteck oder Kinderstube. Zwischen umherliegenden Stämmen keimt neues Leben – artenreicher und robuster als zuvor. Aus menschengemachten Wirtschaftswäldern und Monokulturen werden ebenso faszinierende wie wilde Naturwälder. Wer will, kann hier der neuen Wildnis beim Wachsen zuschauen.

Der Nationalpark ist Heimat von mehr als 10.000 Tier- und Pflanzenarten.

Sechs Vegetationszonen an einem Tag
900 Höhenmeter beträgt der Unterschied vom tiefsten Punkt des Nationalparks bis zum Gipfel des Brockens. Wer von unten aufsteigt, erlebt innerhalb weniger Stunden mehrere Vegetationszonen. Ganz unten dominieren die Buchenwälder, zum Teil durchmischt mit Eichen. Auch wenn die Fichte ansonsten überall im Harz dominiert: Erst ab einer Höhe von 700 Metern beginnt ihr natürlicher Lebensraum, den sie sich hier noch mit den Buchen teilen muss. Ab 800 Höhenmetern herrscht die Harzer Fichte alleine und trotzt Kälte, Sturm und Schnee. Bis auf dem Brocken bei 1.100 Metern Höhe die Waldgrenze erreicht wird – eine Besonderheit, denn es ist die nördlichste natürliche Waldgrenze in Zentraleuropa. Die Brockenkuppe liegt in der subalpinen Vegetationszone, in der noch niedrige Kräuter, Gräser und Zwergsträucher wachsen, die man in Europa sonst nur in Skandinavien oder in den höheren Lagen der Alpen findet.

GROSSE SPEICHER
Mit rund 2.000 ha sind fast zehn Prozent der Fläche des Nationalparks vermoort. Davon gehören 500 ha zu den besonders seltenen Hoch- und Niedermooren.

Einzigartige Moore als Klimaschützer
Auf den Bohlenstegen lassen sich sicher und trockenen Fußes die Moore des Nationalparks erkunden, die zu den besterhaltenen in Deutschland gehören. Ihre Ursprünglichkeit und das eher skandinavisch geprägte Klima machen die Harzer Moore zum Rückzugsraum für seltene Arten und damit europaweit bedeutsam für Naturschutz und Wissenschaft. Harzer Moore leisten einen bedeutenden Beitrag im regionalen Klimaschutz. Denn intakte Moore zählen zu den effektivsten natürlichen Kohlenstoffspeichern der Erde. Sie binden große Mengen an Kohlenstoff in Form von Torf. Gleichzeitig produzieren sie fast keinen Sauerstoff und setzen kaum CO_2 frei.

Auf 70 Prozent der Fläche, den sogenannten Naturdynamikzonen, folgt die Natur ihren eigenen Gesetzen.

Der Ranger
Konstantin Reumschüssel ist einer von etwa 40 Rangern im Nationalpark Harz. Nach seinem Abitur zog es den gebürtigen Bad Harzburger nach Kanada. Dort arbeitete er in Nationalparks und erlebte intensiv die ursprünglichen Wälder des Nordens mit ihren vielfältigen Ökosystemen. Zurück in Deutschland, schloss er sich dem Nationalpark Harz an, um seine Liebe zur Wildnis vor der eigenen Haustür zu leben. Dabei kommt ihm eine Gabe zugute, die im Nationalpark Harz besonders gefragt ist: Besuchern das Wissen über ökologische Zusammenhänge näherzubringen.

„Der Aufklärungsbedarf über die Vorgänge in der Natur ist sehr hoch!“

Mehr Biodiversität
Reumschüssel zeigt, dass ein sich selbst überlassener Wald keineswegs vertrocknet, sondern eine hohe Feuchtigkeit bewahrt, die das Gedeihen von Mikroorganismen und Kleinsttieren fördert, die wiederum eine reichhaltige Tierwelt anziehen.

Ingenieurskunst inmitten wilder Natur
Mit dem Oberharzer Wasserregal, einem UNESCO-Weltkulturerbe, verbindet der Nationalpark Harz wilde Natur und historische Kulturlandschaft. Das Netzwerk von Teichen, Gräben, Rinnen und Stollen wurde ursprünglich für den Bergbau angelegt und diente zur Energiegewinnung und Entwässerung. Als beeindruckendes Zeugnis der Ingenieurskunst der vorindustriellen Zeit bieten die historischen Teiche und Wasserläufe einen einzigartigen kulturellen Rahmen inmitten der wachsenden Wildnis des Nationalparks.

Viele der erhaltenen Teiche und Gräben sind längst Teil der natürlichen Umgebung geworden und etwa als Wanderwege integriert. Einige Anlagen dienen weiterhin dem Hochwasserschutz und der Trinkwasserversorgung, was ihre Funktionalität bis heute zeigt.

Das Oberharzer Wasserregal erstreckt sich über ca. 95 km^2 mit 107 Teichen und 310 km Gräben.

DER LUCHS
Deutschlands größte Raubkatze ist gekommen, um zu bleiben.

DIE ERFOLGREICHE RÜCKKEHR

OLE ANDERS
macht aus dem Luchsprojekt eine Erfolgsgeschichte.

Über 200 Jahre lang gibt es keine Luchse mehr im Harz. Dann wird Europas größte Raubkatze kurz nach der Jahrtausendwende im Nationalpark Harz und im gesamten Mittelgebirge wieder heimisch. Das ist auch der Verdienst von Ole Anders. Selbst leidenschaftlicher Jäger, ist er seit seiner Kindheit von großen Beutegreifern fasziniert. Seit 2000 koordiniert Anders das erste Projekt zur Luchs-Wiederansiedelung in Deutschland. Noch im selben Jahr öffnen sich die Türen eines Geheges für den ersten erfolgreich ausgewilderten Luchs. Heute leben wieder rund 90 der Katzen mit den charakteristischen Pinselohren im Harz – mit hoher genetischer Diversität im Vergleich zu anderen angesiedelten Luchspopulationen in Europa.

Maskottchen und Touristenmagnet
Anfangs sorgt die Anwesenheit des Luchses für Angst und Missverständnisse in der Bevölkerung. Es gibt Anrufe, dass ein Löwe gesichtet worden sei. Anders, der in der Anfangszeit sein Handy Tag und Nacht bei sich hat, muss sehr viel Aufklärungsarbeit leisten. Es lohnt sich: Längst ist der Luchs zum Maskottchen und Touristenmagnet für die Region geworden. Bilder von ihm stehen in Schaufenstern, Firmen werben mit ihm. Diese sehr hohe Akzeptanz war und ist für den Erfolg der Wiederansiedlung entscheidend. Das erfolgreiche Projekt erhält unter anderem den Artenschutzpreis Deutschland.

Über den Harz hinaus
Die Harzer Luchse breiten sich zunehmend auch in angrenzende Gebiete aus. Geeignete Lebensräume gibt es für die scheuen Jäger genug. Doch die durch Straßen und Siedlungen zerschnittene Landschaft macht den Tieren zu schaffen. Das große Ziel ist es, die Luchspopulationen im Harz mit denen im Bayerischen und Pfälzerwald und mit anderen Europäischen Vorkommen zu vernetzen. Nur so kann die Existenz des Luchses in Deutschland langfristig gesichert werden.

„Das Luchsprojekt ist mein ganz persönlicher Sechser im Lotto."

Auf Spurensuche
Hier schauen sich Anders und Kollegin Lilli Middelhof in der Nähe eines Luchsgeheges die Spuren eines nächtlichen Besuchers an, eines frei lebenden Luchses. Luchse lassen sich nur schwer finden und beobachten. Zur Überwachung nutzen Anders und seine Kollegen moderne Techniken wie Telemetrie, genetisches Monotoring und etwa 120 Fotofallen sowie eine spezielle Luchs-App, die Beobachtungen dokumentiert und auswertet.

GESPEICHERT

Intakte Moore sind hervorragende Klimaschützer. Ihr Torf speichert Wasser und bindet dauerhaft bis zu sechsmal mehr Kohlenstoff als Wald.

ENTWÄSSERT

Zur Entwässerung der Moore wurden im Harz Gräben angelegt. Das Wasser ist stark huminhaltig und somit stark braun gefärbt.

DER WANDEL ERÖFFNET NEUE PERSPEKTIVEN

JUDITH STRADNER
stammt aus Bad Segeberg in Schleswig-Holstein. Seit 2008 leitet die gelernte Einzelhandelskauffrau und Physiotherapeutin das Rodelhaus.

Wenn sich die Welt um einen herum radikal verändert, dann stellt sich für viele Menschen die Frage, wie sie damit umgehen sollen. Für die Wirtin Judith Stradner kommt dieser Moment nach einem verheerenden Wintersturm im Januar 2018. Das Rodelhaus, ihr über 110 Jahre altes Gasthaus an einer Rodelbahn am Braunlager Wurmberg, ist bis dahin von alten, hohen Fichten umgeben. Die tief verschneite Landschaft mit den sich unter der Schneelast biegenden Bäumen bietet ihren Wintergästen über Jahrzehnte einen romantischen Anblick. Damit ist es vorbei, als der Sturm die bis zu 40 Meter hohen Fichten reihenweise fällt. In den Monaten danach beseitigt das Forstamt als Maßnahme gegen den Borkenkäfer das, was vom einst so stolzen Fichtenwald noch steht. Stradners Gasthaus liegt jetzt nicht mehr tief im Wald, sondern an einem kahlen Hang. Was der Todesstoß für die bereits von Corona gebeutelte Waldwirtschaft sein kann, entpuppt sich jedoch als Chance. Denn auf einmal gibt es dieses Panorama: An guten Tagen reicht der Blick vom Rodelhaus bis zum 130 Kilometer entfernten Thüringer Rennsteig. Stradner reagiert, nimmt Geld in die Hand und beginnt, eine weitläufige Gartenterrasse zu bauen mit einem eigenen Küchenhaus für die Außenbewirtschaftung. Wo früher die hohen Fichten ihre Schatten warfen, sonnen sich jetzt die Gäste und genießen, wenn das Wetter mitspielt, den fantastischen Ausblick.

INNOVATIONEN FÜR DEN WALD VON MORGEN

FUTURE FOREST
Der Future Forest Innovation Hub ist seit September 2024 Teil der Digital Hub Initiative des Bundesministeriums für Wirtschaft und Klimaschutz.

Mit Software-Ideen die Welt besser machen
Als der Software-Spezialist und Unternehmer Wolf Goertz vor einigen Jahren mit dem Mountainbike durch die zerstörten Fichtenwälder des Harzes fährt, verspürt er zunächst den Drang, bei der Wiederaufforstung zu helfen. Doch bald erkennt er, dass er mit seinem Unternehmen Netrocks aus Osnabrück, das auf die Entwicklung digitaler Plattformen spezialisiert ist, noch viel mehr bewegen kann.

Schon seit seiner Jugend ist Goertz als Unternehmer aktiv und hat ein Faible für innovative Lösungen und Geschäftsmodelle. Er ist überzeugt, dass die Start-ups und Innovation wesentlich zur Nachhaltigkeit beitragen können. Für die Lebensmittelwirtschaft betreibt er beispielsweise bereits seit Längerem einen Digital Hub in Osnabrück – mit Partnern aus Gastronomie und Handel und der Wissenschaft.

Seine größte Motivation ist es, Menschen mit unterschiedlichem Know-how für neue Lösungen zusammenzubringen und so Innovation und Start-ups zu fördern. Mehr als sieben Jahre ist Goertz Landessprecher Niedersachsen des Start-up-Verbands und engagiert sich nach wie vor als Beirat des niedersächsischen Wirtschaftsministeriums – nun insbesondere für nachhaltige Innovation in der Harzregion. Denn: Im Jahr 2021 gründet Goertz gemeinsam mit Freunden und Partnern aus Wirtschaft, Wissenschaft und Naturschutz die Future Forest Initiative – eine Initiative für den Wald der Zukunft. Sie soll mit Know-how und Kapital den klimagerechten Waldumbau beschleunigen und neben der traditionellen forstwirtschaftlichen Nutzung neue Wertschöpfungsmodelle eröffnen. Mit der Future Forest Initiative vereint er seine Leidenschaft für Innovation mit seiner Liebe zur Natur.

WOLF GOERTZ
Der Harz lässt ihn nicht mehr los: Mit seiner Familie ist der Unternehmer von Osnabrück nach Blankenburg gezogen.

Die Future Forest Initiative
Der Future Forest Initiative (FFI) mit Sitz im Schloss Blankenburg geht es um nichts weniger als eine Revolution. Ihr Ziel: die Nutzung des Waldes und die Waldwirtschaft grundlegend neu zu denken – nachhaltig, zukunftsfähig und klimaangepasst. Nicht nur im Harz, sondern in ganz Deutschland und darüber hinaus. Die FFI setzt dafür auf innovative Lösungen, indem sie Innovatoren und Geldgeber zusammenbringt sowie Start-ups, Wissenschaftler und etablierte Wirtschaft gezielt fördert.
Im Zentrum ihres Handelns stehen drei Haupttreiber des Wandels der Wälder: die nicht nachhaltige Landnutzung, der Schwund der Biodiversität und der Klimawandel. Aus diesen ergeben sich drei Felder, in denen die FFI nach neuen Lösungen strebt:

Smart Forestry:
Die FFI will Waldwirtschaft nachhaltiger, flexibler und effizienter machen, indem die Waldbewirtschafter neue Schlüsseltechnologien und Werkzeuge an die Hand bekommen.

Ecosystem Services:
Waldbewirtschafter sollen von den vielfältigen Leistungen, die Wälder für Gesellschaft und Wirtschaft erbringen, durch die Entwicklung neuer Konzepte stärker profitieren.

Climate Solutions:
Um die Klimaziele zu erreichen, unterstützt die FFI technische und natürliche Lösungen, die auf Kohlenstoffkompensation, Klimaneutralität oder zirkuläre Bioökonomie abzielen.

Deutschlands ersten Sustainability Innovation Hub baut die FFI mit den folgenden Kernsäulen auf:

/ das Future Forest Institut als starkes Netzwerk mit Zugang zu breitem Know-how und Expertise unterschiedlichster Disziplinen.

/ der Start-up-Accelerator, der Innovationsvorhaben von Start-ups mit Wald- und Klimabezug unterstützt und sie für den Markteintritt qualifiziert. Die geförderten Start-ups können ihre Innovationen im Rahmen von Modellprojekten in der Praxis testen, erhalten Finanzierungsoptionen und professionelle Begleitung, zum Beispiel durch Forschungseinrichtungen.

/ das jährliche Future Forest Forum, auf dem sich internationale Experten und Akteure aus unterschiedlichen Bereichen wie Forstwirtschaft, Forschung und Klima-Hightech treffen, um sich intensiv über zukunftsweisende Ansätze und Lösungen austauschen.

/ der Forest & Climate Innovation Fund, der vielversprechende Start-ups finanziert und Unternehmen und Investoren neben der finanziellen Rendite die Chance bietet, den eigenen CO_2-Footprint zu verbessern und ESG-Kriterien einzuhalten.

"

Im Harz entsteht ein einmaliges Ökosystem für Innovation. Schon jetzt betreiben wir hier ein Accelerator-Programm für grüne Technologien, das Start-ups und Investoren aus der ganzen Welt in den Harz holt. Unsere Vision ist, den Harz zum Reallabor für Wald- und Klimainnovation zu entwickeln und das Große Schloss Blankenburg zum führenden Campus in Europa."

WOLF GOERTZ

DEN WALDSCHUTZ VORAUSDENKEN

HENRIK HARTMANN
Mit seiner positiven, vorausdenkenden Herangehensweise eröffnet Hartmann Menschen neue Perspektiven auf den Wandel.

Er ist ein Pionier der modernen Waldökologie. Seit seinem Studium in Kanada beschäftigt sich Professor Henrik Hartmann mit großflächigem Waldsterben, als dies in Europa noch kein Thema ist. Diesen Wissensvorsprung bringt Hartmann, nach fast 20-jährigem Aufenthalt in Kanada, bei seiner Rückkehr nach Deutschland mit, als auch die deutschen Wälder zunehmend mit den Herausforderungen des Klimawandels konfrontiert werden.

Ein interdisziplinärer, innovativer Ansatz
Am Julius-Kühn-Institut für Waldschutz kombiniert Hartmann heute klassische forstwissenschaftliche Methoden mit hochmodernen Technologien. Denn für ihn können traditionelle Methoden des Waldschutzes die Komplexität des Klimawandels oft nicht umfänglich erfassen. Es braucht neue Ansätze, die auf Echzeit-Daten und Computersimulationen basieren, um Wälder nicht nur vor Schäden zu schützen, sondern aktiv auf künftige Herausforderungen vorzubereiten.

Der Wald als multidimensionales Ökosystem
Für Hartmann ist der Wald ein multidimensionales Ökosystem, das nicht nur als Holzlieferant, sondern auch als CO_2-Senke, Biodiversitäts-Hotspot und Erholungsraum fungiert. Diese verschiedenen Funktionen müssen in einer Welt, die zunehmend von Klimaveränderungen geprägt ist, in Balance gehalten werden. Sein Ansatz sieht daher nicht nur den Schutz des Waldes vor äußeren Einflüssen vor, sondern auch die Stärkung seiner natürlichen Abwehrmechanismen und seiner Fähigkeit zur Selbstregeneration.

Ein Zentrum der internationalen Waldschutzforschung
Das von Hartmann geleitete Institut für Waldschutz am Julius Kühn-Institut ist nicht nur eine Forschungseinrichtung, sondern auch eine Schnittstelle zwischen Wissenschaft und Praxis. Der Standort Quedlinburg im waldreichen Harz bietet ideale Voraussetzungen für die Umsetzung von Forschung in die forstliche Planung. Hier werden nicht nur theoretische Modelle entwickelt, sondern praxisnahe Strategien, die in den deutschen und europäischen Wäldern umgesetzt werden können.

„Wald wird es immer geben, aber er wird sich stark verändern. Diesen Wandel dürfen wir jetzt gestalten. Mit der Vision nach vorne und nicht mit dem Blick in den Rückspiegel."

Digitale Zwillinge
Am Institut für Waldschutz setzt Hartmann auf die Entwicklung von digitalen Zwillingen: die präzise digitale Abbildung eines realen Waldes, mit der sich verschiedene Szenarien und Bewirtschaftungsoptionen simulieren lassen. Hier stellt seine Mitarbeiterin Sophie Erhard die bahnbrechende Methode vor, die weit über die Möglichkeiten traditioneller Waldmodelle hinausgeht. Mit Echtzeit-Daten aus Fernerkundung und Sensorik können Waldökosysteme virtuell abgebildet und ihre Resilienz gegenüber zunehmenden Stressfaktoren wie Stürmen, Dürreperioden und Schädlingsbefall getestet werden. Und damit Maßnahmen entwickelt werden, die Wälder klimaresilienter zu machen.

JKI

Messampel
flora II
26
°C
%r.F.

NEUES AUSPROBIEREN
Welche Pflanzen den Klimawandel meistern können, wird unter kontrollierten Bedingungen getestet.

NATURSCHUTZ IM EINKLANG MIT DEN MENSCHEN VOR ORT

Ob Forstarbeiten im Schulholz in Wieda, Aufforstungsaktionen an der Talsperre in Steina oder das Pflanzen von 20.000 Krokussen im Vitalpark in Bad Sachsa: Der Verein zur Erhaltung von Natur und Kultur Südharz (VNK) aus Walkenried hat seit seiner Gründung 2021 bereits viel unternommen und erreicht. Sein Ziel: Naturschutzarbeit mit den Bedürfnissen der Menschen im ländlichen Raum in Einklang bringen. Der VNK lebt vom ehrenamtlichen Einsatz seiner Mitglieder, der regen Beteiligung und Mithilfe der Bürger sowie Spenden für seine Vorhaben.

„Damit unsere Projekte Mensch und Natur helfen, arbeiten wir mit den regionalen Firmen, den Kommunen, etablierten Vereinen und Betroffenen wie Waldbesitzern und Landwirten zusammen."

„Noch vor sieben Jahren gab es in Wieda ein massives Problem mit Wildschweinen, die ohne Scheu die Vorgärten und öffentlichen Grünanlagen durchwühlten. Kern des Problems war das sogenannte ‚Schulholz', ein verwilderter Hang mitten im Ort. In dem Rückzugsort zogen die Wildschweine sogar ihren Nachwuchs auf. Wir gestalteten das Areal in enger Kooperation mit Eigentümern und lokalen Behörden Schritt für Schritt um. Es wurde weniger attraktiv für Wildschweine, während gleichzeitig Lebensräume für andere Arten geschaffen wurden. Auf einem Drittel entstand ein sogenannter ‚Hutewald', in dem einmal Rotes Harzer Höhenvieh gehalten werden soll. Außerdem haben die Mitglieder des VNK Wege angelegt, sodass mehr Menschen durch das ‚Schulholz' laufen – und das mögen Wildschweine nicht."

BERND PFEIFFER

leitet als engagiertes Mitglied des VNK die Arbeitsgruppe für das Hutewald-Projekt „Schulholz" in Wieda.

JÖRG KÖTTNER

Der erste Vorsitzende Jörg Köttner zu den Zielen, Besonderheiten und Aktivitäten des VNK

„Große Organisationen und Großprojekte für den Naturschutz gibt es viele. Doch was passiert dann tatsächlich vor Ort?
Wir wollen mit dem VNK realitätsnahe und durchführbare Lösungen für die aktuellen Probleme im Südharz finden und erarbeiten. Damit unsere Projekte Mensch wie Natur helfen können, arbeiten wir mit den regionalen Firmen, den Kommunen, etablierten Vereinen und Betroffenen wie Waldbesitzern und Landwirten zusammen. Firmen und Menschen mit ihren Bedürfnissen und Ideen mitzunehmen statt sie zu verurteilen, das ist der Weg des VNK. Nur so können wir möglichst viele Menschen für die Belange des Natur- und Umweltschutzes sensibilisieren und gewinnen."

„Unser Verein bringt höchst unterschiedliche Menschen zusammen.
Auch Menschen mit Beeinträchtigungen. Diese Vielfalt an Berufen, Kompetenzen, Interessen und persönlichen Hintergründen unserer Mitglieder führt dazu, dass wir alle voneinander lernen können. Der gemeinsame Austausch auf ein Ziel hin bringt Freude und unsere Projekte voran. Das heißt aber auch, dass man auch über seinen Schatten springen und mit den eigenen Befindlichkeiten zurücktreten muss, um einen gemeinsamen Konsens zu finden."

„Neben dem positiven Effekt auf die Natur nutzen wir unsere Arbeit auch für die Umweltbildung.
Vom Vorschulkind bis zu den Großeltern: Wir möchten generationsübergreifend alle Menschen, die sich für die Natur und unseren Kulturraum interessieren, ansprechen. Unsere Aktivitäten werden, soweit es möglich ist, wissenschaftlich begleitet und analysiert, um aus unseren Erfolgen und Fehlern zu lernen. So erreichen wir auch Menschen aus dem weiteren Umfeld."

DSCHUNGEL

wäre die falsche Bezeichnung, aber manchmal fühlt es sich so an.

FESTE BAHNEN

Auch das ist der Harz: Landwirtschaft in einem herausfordernden Umfeld.

DAS KUNSTSTÜCK, IM HARZ EINEN BIOHOF ZU ETABLIEREN

Gegen jede Wahrscheinlichkeit
Dass Daniel Wehmeyer mit seiner Idee so erfolgreich sein wird, sieht niemand kommen. Weder Eltern, Freunde, Fachleute noch die Banken. Er selbst ist bereits als Kind davon überzeugt, Bauer zu werden. Einer, der ganz auf Nachhaltigkeit setzt. Und das auch noch im rauen Harz. Die Sparkasse gibt ihm zwar einen Kredit, rechnet aber nicht mit einer Rückzahlung. Heute sitzt Wehmeyer in ihrem Wirtschaftsbeirat.

Alles hängt mit allem zusammen
Innerhalb weniger Jahre etabliert Wehmeyer als junger Quereinsteiger aus dem Nichts heraus mit Beharrlichkeit und Innovationskraft den Biolandhof Düna. Rinderhaltung, Ackerbau, Landschaftspflege: In seinem Betrieb greifen nachhaltige Landwirtschaft und Naturschutz ineinander. Er selbst verbindet unternehmerischen Mut und Ideenreichtum mit der Liebe zur Natur und der Region. Sein Konzept und Engagement haben Wehmeyer bereits diverse Auszeichnungen eingebracht, darunter den Bundeswettbewerb Ökologischer Landbau.

Ein Landwirt als Landschaftspfleger
Durch Beweidung oder Mahd pflegt sein Betrieb wertvolles Grünland im gesamten Oberharz. Das hilft bedrohten Pflanzenarten wie Steppenfenchel oder diversen Orchideen. Wehmeyer versteht sich als aktiver Partner im Naturschutz und sucht nach schützenswerten Flächen, um sie unter Vertrag zu nehmen. Als einziger Betrieb im Harz erntet er zudem mit dem Mähdrescher Gräser- und Kräutersamen von artenreichen Oberharzer Bergwiesen.

„Gerade der Harz bietet große Chancen in der nachhaltigen Landwirtschaft. Wir können hier neue Standards setzen und zeigen, wie es sich im Einklang mit der Natur wirtschaften lässt."

IM NATÜRLICHEN KREISLAUF
Daniel Wehmeyer fühlt sich mit seinen Tieren einem natürlichen Kreislauf verbunden. Er zieht sie groß, pflegt sie, ernährt sie nachhaltig und schlachtet sie am Ende selbst.

Erfinderischer Ackerbauer

Neben der Viehzucht betreibt Wehmeyer auch Ackerbau. Er setzt dabei auf innovative Methoden wie den Gemenge-Anbau von Ackerbohnen und Hafer für die Bullenfütterung sowie den Anbau von Speiselinsen im Gemenge mit Backgetreide. Die Linsen vertreibt er über den Naturkosthandel, das Getreide wird in benachbarten Vollkornbäckereien verarbeitet. Wehmeyer verwendet kompostierten Dünger. Das fördert den Humusaufbau und speichert daher CO_2.

Die Renaissance einer Tradition

Auch bei der Wahl seiner Rinder geht Wehmeyer seinen ganz eigenen Weg und setzt mit dem Harzer Roten Höhenvieh auf eine alte, vom Aussterben bedrohte Rasse, die dank ihm eine Renaissance erlebt. Ihr Vorteil: Perfekt an das Harzer Klima angepasst, liefern die Rinder Fleisch und Milch und tragen durch ihre Weidehaltung zum Erhalt der artenreichen Bergwiesen und Kulturlandschaften bei.

Wehmeyer setzt vor allem auf extensive Mutterkuhhaltung, bei der die Kälber bis zu elf Monate bei ihren Müttern bleiben. Seine 240 Rinder sind vom Frühjahr bis Herbst an mehreren Standorten ständig auf der Weide, im Winter werden sie in einem hellen Außenklimastall auf Stroh gehalten. Das Futter für die Tiere produziert der Hof selbst.

BEWAHREN

und erneuern: die Natur in Eigenregie.

ERNTEN

und verwerten: Die Harzer Wälder sind zugleich Lebensraum und wirtschaftliche Produktionsstätte

DIE LEIDENSCHAFT FÜR NACHHALTIGE WALDWIRTSCHAFT

Ist die Liebe für die harte Arbeit im Wald vererbbar?
Bei Carsten Henkel scheint das der Fall zu sein. Seit 1998 führt er das Forstunternehmen Henkel in vierter Generation. Wo sein Urgroßvater das Holz nur mit Pferden rückte, führt er die Familientradition mit moderner Technik fort. Während sich die Firma Henkel um Brennholzproduktion, Pflanzarbeiten und den Weihnachtsbaumverkauf kümmert, konzentriert sich die H+R Forst GmbH, die er gemeinsam mit Marc Rosenberg leitet, auf die hochmechanisierte Holzernte und nun auch aufs Wiederaufforsten. Henkel lebt für die Natur und die Region. Ein echter Macher, der Bewährtes schätzt und zugleich neue Ideen vorantreibt.

„Wir wollen, dass der Harz wieder grün und vielfältiger wird und auch die nächsten Generationen noch von der Forstwirtschaft leben können."

Erfindergeist
Im Kampf gegen den Borkenkäfer entwickelten die Forstunternehmer eine technische Innovation: ein Spritzgestänge für den Schlepperanbau. Die Waldarbeiter müssen damit nicht mehr auf hohen Holzpoltern herumklettern, die beim Spritzen oft glitschig werden und deren Stämme leicht ins Rollen kommen können. Für ihre Erfindungen und ihr unternehmerisches Engagement erhielten Henkel und sein Partner Rosenberg 2022 den Deutschen Waldpreis in der Kategorie „Forstunternehmer des Jahres".

ANPFLANZEN
Früher haben Henkel und sein Team vor allem geerntet, jetzt geht es um das Anpflanzen.

Investition in zwei Mammutaufgaben

Als im Jahr 2018 der Sturm Friederike den Harz mit voller Wucht traf, investiert Henkel in seine Maschinenflotte, vor allem in die aus Skandinavien stammenden Kranvollernter. Als in der Folge auch noch Borkenkäfer und Dürre dem Wald zusetzen, sind Henkel und seine Kollegen im Dauereinsatz, um die niedergestreckten Fichten im großen Stil abzuernten. Als die Zahl der Bäume zum Fällen und Ernten abnehmen, stellt Henkel sich komplett um. Jetzt setzt er auf die Bestandsbegrünung: Das Pflanzen von Bäumen hat Henkel konsequent mechanisiert und damit enorm beschleunigt. Wiederaufforstung und Bekämpfung des Borkenkäfers werden die Forstwirte noch viele Jahre beschäftigen. Aufgaben, für die Henkel schon jetzt neue Mitarbeiter ausbildet. Denn als Unternehmer und Naturliebhaber nimmt er die Herausforderung an: Die riesigen Kahlflächen sollen so schnell wie möglich wieder grün werden.

HOLZERNTE
Harvester fixieren die Bäume, fällen sie und entasten die Stämme.

NACHWUCHS-ARBEIT
Nach Trockenjahren, Sturm und Borkenkäfer werden im Harz jährlich etwa 3,5 Millionen Bäume gepflanzt.

HARTE ARBEIT
Für die Arbeit im Wald braucht es trotz aller Maschinen nach wie vor großen körperlichen Einsatz.

SCHNELLER

Eine Minute und 50 Sekunden braucht ein Harvester pro Baum und ist damit so schnell wie zehn Forstarbeiter.

SENSIBLER

Holzrücken per Pferd ist traditionell und zugleich modern: In ökologisch empfindlichen Gebieten schont es die Böden, während schwere Maschinen den Boden verdichten und tiefe Spuren hinterlassen. Zudem werden verbleibende Bäume weniger geschädigt.

DER NATUR EIN LEBEN LANG VERBUNDEN

Von Kindheitsbeinen an ist Richard Hille aus Buntenbock so gut wie jeden Tag draußen in der Natur. Mit 16 Jahren beginnt er seine Karriere im Fuhrgeschäft, mit 23 Jahren übernimmt er den Betrieb vom zu früh verstorbenen Vater. Sein oberstes Ziel: beim Holzrücken den Einklang zwischen Forstwirtschaft und Naturschutz zu wahren. Neben dem Einsatz von Forstmaschinen legt er in seinem Betrieb auch Wert auf das traditionelle Holzrücken mit Pferden; eine Methode, deren Bedeutung er für den Schutz des Waldbodens und der Biodiversität stets betont. Hille, der 40 Jahre Vorsitzender für den Harz im Verband forstwirtschaftlicher Lohnunternehmer Niedersachsen ist, geht 2021 gesund und mit einem Schatz an Erfahrungen in den Ruhestand. Dass er Wald und Natur auch in Zukunft verbunden bleiben wird, steht außer Frage. Sein Wissen um bewährte und schonende Methoden ist gefragt. Und er teilt es gerne mit der nächsten Generation.

„Der Einsatz von Pferden hatte in meinem Betrieb einen hohen Stellenwert, um den Waldboden und die Natur zu schützen. Diese Tradition und Erfahrungen gebe ich gerne weiter an die jüngere Generation."

Ein Team über Generationen und Technologien hinweg
Über viele Jahre arbeiteten Carsten Henkel, der Forstunternehmer der neuen Generation, und Richard Hille, der traditionelle Holzrücker, vertrauensvoll zusammen. Immer wenn das Gelände unzugänglich oder der Waldboden zu verletzlich waren, kamen Hilles schonende Maschinen oder seine Pferde zum Einsatz.

„Es ist faszinierend, wie schnell das wieder wächst!“

NACH DEM KAHLSCHLAG
Richard Hille über einen Ort, an dem der Wald nach dem Kahlschlag längst wieder zurückgekommen ist.

BAHN FREI

Selbst vom Borkenkäfer befallenes Holz kann als Baumaterial genutzt werden.

NEUE WELT

Nach der Verarbeitung im Sägewerk verlässt das Holz aus dem Harz meist endgültig die Region.

RESSOURCE HOLZ, EIN WERTSTOFF IM WANDEL

Der Wald im Harz verändert sich, an die Stelle der Fichtenplantagen treten resilientere Mischwälder. Und doch wird der Wald außerhalb des Nationalparks ein Wirtschaftswald bleiben. Mit einem Wertstoff, der CO_2 speichert und in Zukunft noch wichtiger werden wird.

Wurde das Holz früher im Bergbau als Brennholz oder für den Bau von Häusern oder Schiffsrümpfen genutzt, so findet es heute weit über die Grenzen des Harzes hinaus auf vielfältige Art und Weise Verwendung. Als Bau- und Konstruktionsholz, zur Energiegewinnung, in der Papier- und Zellstoffindustrie, als Holzwerkstoff oder als Industrieprodukt in Dämmmaterialien oder zur Herstellung von Bio-Kunststoff.

ante-holz, eines der größten inhabergeführten Unternehmen der europäischen Holzindustrie, verarbeitet und veredelt das Holz aus den heimischen Wäldern vor Ort und exportiert es weltweit. Wert gelegt wird dabei auf nachhaltige Waldwirtschaft und umweltfreundliche Produktionsprozesse. Das verwendete Holz ist zertifiziert, Restholz wird für Energiegewinnung und Pelletproduktion genutzt.

Mehrere Hunderttausend Kubikmeter Holz verarbeitet ante-holz jährlich.

WERKSNÄHE
Wichtigste Grundlage für ante-holz sind die werksnahen, heimischen Wälder, die nach dem Prinzip der Nachhaltigkeit bewirtschaftet werden. Und das heißt: Es wird nicht mehr Holz geerntet, als im gleichen Zeitraum zuwächst.

BROCKEN SPEZIAL

In vielerlei Hinsicht ein Unikat: Norddeutschlands höchster Berg, oft in Wolken, auf seinem subalpinen Gipfel sturmerprobt, war über 50 Jahre Sperrgebiet und ist heute einer der Harzer Touristenmagneten. Eine Exkursion mit überraschenden Aus- und Einblicken.

DER UNSICHTBARE
Auch wenn man ihn selten zu Gesicht bekommt, ist der 1.141 Meter hohe Brocken nicht nur geografisch, sondern auch kulturell und historisch der faszinierende Höhepunkt des Harzes. Das Symbol für einzigartige Natur, extremes Klima, wechselhafte Geschichte und spannende Mythen.

NO-GO AREA

Über Jahrzehnte können die Menschen in Ost und West den Brocken nur aus der Ferne betrachten. Im militärischen Sperrgebiet gelegen, ist er für die Öffentlichkeit gesperrt. Nach dem Fall der Mauer wird der Brocken am 3. Dezember 1989 unter dem Druck einer Sternwanderung von 6.000 Demonstranten wieder für die Allgemeinheit geöffnet.

UNGEAHNTE PERSPEKTIVEN

Im höchstgelegenen Hotel Norddeutschlands bietet in der 8. Etage eine große, rundum verglaste Aussichtsplattform eine spektakuläre Aussicht. Spielt das Wetter mit, reicht der Blick bis zu 250 Kilometer in die Ferne, bei besonders guter Sicht bis zum Fichtelberg und nach Tschechien.

ANZIEHUNG
Der Brocken, den bereits Goethe bei seiner Harzreise 1777 bestieg, gehört zu den zehn beliebtesten Ausflugszielen Deutschlands. Heute erklimmen ihn jährlich rund zwei Millionen Menschen zu Fuß, mit dem Rad, mit Pferdekutsche oder mit der Bahn. Brocken-Benno, ein Symbol der Deutschen Einheit, besteigt 2022 im Alter von 90 Jahren den Brocken zum 9000. Mal.

UNÜBERHÖRBAR
und oft vom eigenen Dampf verhüllt, fährt die Schmalspurbahn seit 1899 auf den Gipfel.

GRENZWEGE

Auf dem Postenweg führten die DDR-Grenztruppen Patrouillen durch. Der Weg verlief parallel zur eigentlichen Grenze, jedoch mit etwas Abstand auf DDR-Seite. Heute sind Teile davon als Wanderwege erhalten und bieten eine einzigartige historische Perspektive.

DAS GRÜNE BAND

Wo einst der Eiserne Vorhang mit seinen Grenzanlagen Ost und West trennte, verläuft heute das sogenannte Grüne Band inmitten wunderbarer Natur.

ABHÖREN

Noch heute sind in der Kuppel des Brockenhauses die alten Antennenanlagen der Abhörstation zu sehen, mit der Stasi und Sowjets den Funkverkehr in fast ganz Westeuropa erfassen konnten.

SENDEN

Die 123 Meter hohe Sendeanlage für Rundfunk, TV und Datenrichtfunk. Am Fuß der Anlage: das Technikgebäude der Deutschen Telekom

EXPONIERT
Als höchster Berg am Rand der norddeutschen Tiefebene ist der Brocken extremen Wetterbedingungen ausgesetzt. An etwa 100 Tagen im Jahr fegen Orkane über den Berg hinweg, nicht selten mit Windgeschwindigkeiten bis zu 260 Stundenkilometern. Am windigsten Ort Deutschlands ist auch die Höhe der Niederschläge enorm.

DAS PLATEAU

Oberhalb der Waldgrenze liegt in den deutschen Mittelgebirgen nur das Gipfelplateau des Brocken. Der Lebensraum von Tieren und Pflanzen ist vergleichbar mit den Alpenhochlagen ab 1.600 bis 2.200 Meter und den Verhältnissen in Nordskandinavien. Am höchsten Punkt befindet sich die sogenannte Brocken-Uhr mit Richtungstafeln und Entfernungen zu näheren und weiter entfernten Orten.

SUBALPIN
Die wenigen Fichten auf dem Gipfel bleiben kleinwüchsig. Über weite Teile des Brockenplateaus erstreckt sich eine Zwergstrauchheide, in der Brockenanemone, das Alpen-Habichtskraut ebenso wie Rentierflechte und Isländisches Moos wachsen. Auf der Bergkuppe befindet sich seit 1890 der Brockengarten, der rund 1.500 Hochgebirgspflanzen aus verschiedenen Teilen der Welt beherbergt.

WINTERGESTALTEN

Während die Temperaturen selbst im Hochsommer selten zweistellig werden, liegt im Winterhalbjahr fast durchgehend Schnee.

NEBEL UND FROST

verwandeln die Welt auf dem Brocken.

SAGENHAFT
Der Brocken, im Volksmund Blocksberg genannt, hatte auf Menschen schon immer eine magische Ausstrahlung. Viele Sagen und Legenden ranken sich um ihn. Viele Erscheinungen lassen sich auch auf natürliche Phänomene zurückführen, wie so manche Wesen aus Eis und Schnee. Auch das geheimnisvolle Brockengespenst lässt sich mit optischen Täuschungen erklären.

AUFGEBAUT

Der 124 Meter hohe Sendemast.

ABGEBRANNT

Ein Opfer der immer wieder auftretenden Feuer rund um den Brocken.

NACH DEM FEUER
sprießen neue Pflanzen und Pilze zwischen den verkohlten Überresten und nutzen Nährstoffe aus der zurückgebliebenen Asche.

BROCKENHAUS

RÜCK- UND AUSBLICKE
Im Brockenhaus, früher wegen der Kuppel mit ihren Abhöranlagen als Stasi-Moschee bezeichnet, befindet sich heute das Nationalpark-Besucherzentrum. Eine umfangreiche, multimediale Ausstellung informiert über drei Etagen zu der faszinierenden Geschichte und Natur des Brockens.

WIRT SCHAFT

Aus der Tiefe nach ganz oben

Wo einst der Bergbau Wohlstand erzeugte, gedeihen heute Hidden Champions: mittelständische Unternehmen, die mit ihren innovativen Technologien weltweit erfolgreich sind. Dabei spielt auch die Universität Clausthal-Zellerfeld, die ehemalige Bergakademie, eine entscheidende Rolle mit ihrem Fokus auf einer ressourcenorientierten Kreislaufwirtschaft. Wurden früher Erze dem Berg entnommen, geht es heute um das Recycling von Metallen.

27 KM

an Stollen wurden in Rammelsberg in den Berg gegraben. Anfangs mit Schlägel und Eisen, ab dem 17. Jahrhundert mit Schwarzpulver gesprengt. Ab dem 19. Jahrhundert kamen Bohrhämmer zum Einsatz, im 20. Jahrhundert leistungsfähigerer Sprengstoff und Tunnelbohrmaschinen.

MILLIMETERGENAU

fräsen Harzer Unternehmen wie Eisenhut heute in Stahl und Aluminium, wenn es darum geht, Spitzenprodukte für den Weltmarkt herzustellen.

ABSICHERN

Die Belüftung in den Stollen des Rammelsbergs entwickelte sich von einfacher natürlicher Zugluft über mechanische Blasebälge und Wettertüren bis hin zu modernen elektrischen Ventilatoren.

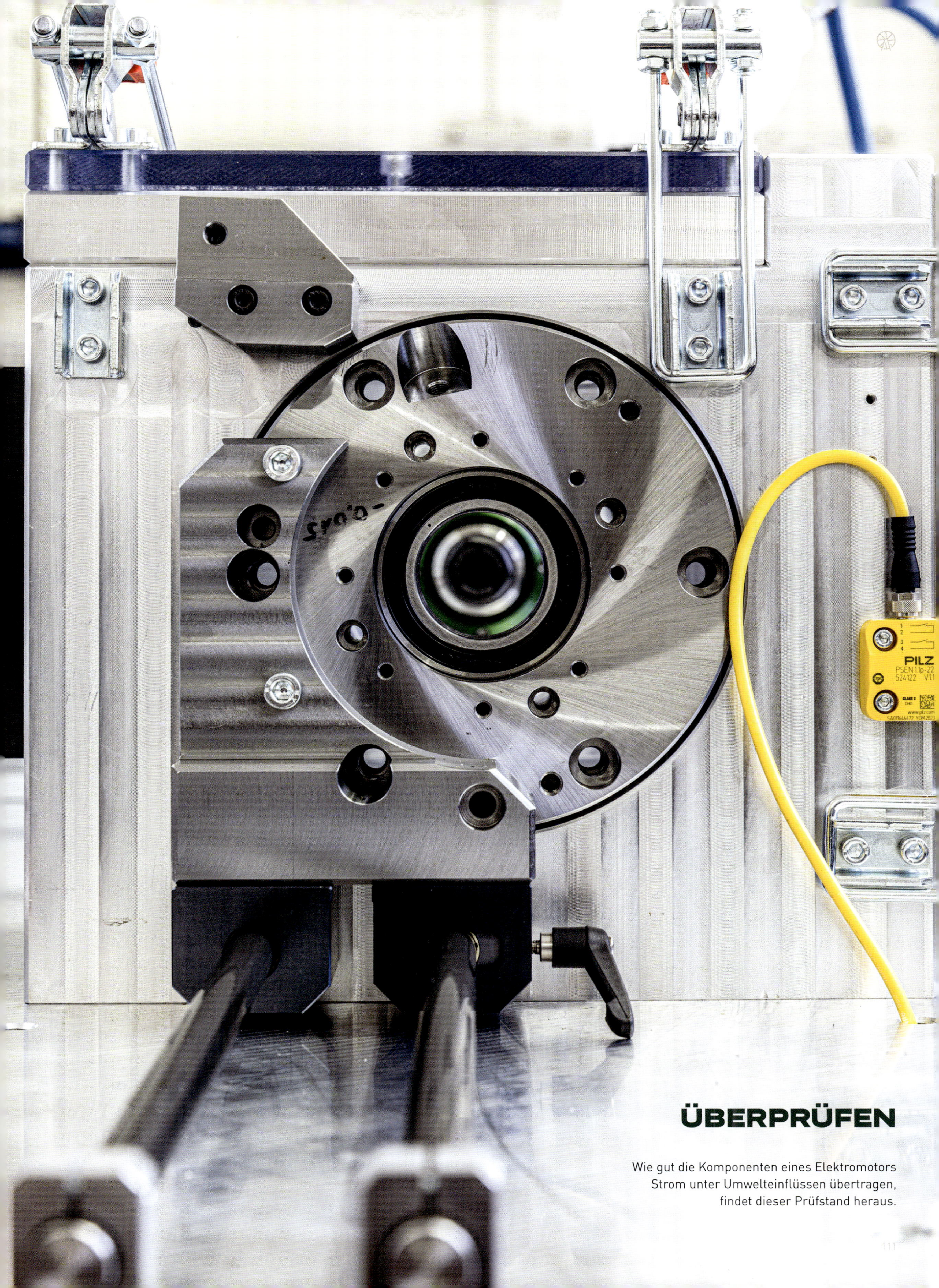

ÜBERPRÜFEN

Wie gut die Komponenten eines Elektromotors Strom unter Umwelteinflüssen übertragen, findet dieser Prüfstand heraus.

ERFINDUNGSREICH

wurde im Harz über Jahrhunderte Wohlstand geschaffen. Insbesondere mit Innovationen wie dem Drahtseil, das der Oberbergrat Julius Albert 1834 in Clausthal erfand.

FORSCHUNGSSTARK

Etliche Harzer Unternehmen sind Ausgründungen der TU Clausthal, der Nachfolgerin der Bergakademie. Die TU vereint technische Exzellenz mit erfolgreicher Forschung, starkem Praxisbezug und internationaler Vernetzung.

FÜRS GROBE

Aus Erzbrocken, oft so groß wie Fußbälle, wurden am Ende Konzentrate. Dafür wurden die Erze zertrümmert und fein gemahlen und unter Zugabe von Wasser mit Reagenzien vermengt. Nach der Entwässerung setzen sich im Eindicker die feinen Erzkörnchen ab.

SEHR FEIN

Die Jet-Rührer homogenisieren mikrometer-fein aufgemahlenes Pulver in Flüssigkeit, um es zur Partikelgrößenmessung einem Sympatec-Laserbeugungssensor zuzuführen.

NICHT ERNEUERBAR

Über Jahrhunderte gewannen die Menschen im Harz Erze, ein nicht erneuerbarer Rohstoff. Hier zu sehen: flüssiger Schwefel, ein natürliches Phänomen in Erzbergwerken.

UNBEGRENZT RECYCELBAR

Im Harz werden heute keine Erze mehr aus dem Berg geholt. Dafür aber Metalle zurückgewonnen, zum Beispiel aus Elektroschrott in der größten Elektrorecycling-Anlage Europas.

WIRT SCHAFT IM WANDEL

Ein Erbe von Weltrang
Was den Harz über Jahrhunderte prägte und formte, lässt sich noch immer an vielen Orten eindrucksvoll besichtigen. Im Bergwerksmuseum Rammelsberg in Goslar oder in der Grube Samson in St. Andreasberg erzählen tiefe Stollensysteme, ausgediente Loren, riesige Wasserkraftmaschinen, Förderbänder und viele weitere Artefakte von einer Zeit, in der die Menschen mit harter körperlicher Arbeit unter Tage wertvolle Erze aus den Bergen holten. Heute sind die einzigartigen Erinnerungen an den Harzer Bergbau UNESCO-Weltkulturerbe. Zu dem gehört auch die Oberharzer Wasserwirtschaft, ein ausgeklügeltes System aus Gräben, Teichen und Kanälen, das für Wanderer gut sichtbar die Bergwelt durchzieht.

Die Geschichte des Bergbaus im Harz ist ein beeindruckendes Zeugnis von Ingenieurskunst und Wandlungsfähigkeit. Sie spiegelt die Entwicklung einer Region wider, deren wirtschaftliche Traditionen heute in neuen zukunftweisenden Technologien und weltweit erfolgreichen Unternehmen weiterwirken.

Die Mönche machen den Anfang
Erste Belege für Bergbauaktivitäten im Harz gibt es bereits für das dritte Jahrhundert. Im frühen Mittelalter kommt es zur ersten Blütezeit, als die Mönche des Zisterzienserklosters Walkenried Bergbau und Hüttenwesen organisieren, um die reichen Vorhaben an Silber, Kupfer und Blei zu nutzen. Erstmals kommen Wasserräder zum Einsatz, Gruben und Stollen entstehen. Silber aus dem Harz spielt eine wichtige Rolle in der Münzprägung des Heiligen Römischen Reiches. Noch werden Erze nahe an der Oberfläche abgebaut. Mehr als 60 Meter geht es nicht in die Tiefe. Während der Pestepidemien kommt der Bergbau im Harz fast vollständig zum Erliegen.

ÜBER 1.000 JAHRE
wurde im Erzbergwerk Rammelsberg Bergbau betrieben. 1988 wurde das Bergwerk stillgelegt.

ANFANG UND ENDE

Vor Schichtbeginn hängen die Bergleute in der sogenannten Weißkaue, einem Umkleideraum, ihre Privatkleidung an einen Haken und ziehen diesen hoch. Dann geht es zur Schwarzkaue, in der die Arbeitskleidung vom Haken genommen und angezogen wird. Am Schichtende läuft es umgekehrt.

Silberrausch dank Unternehmerfreiheit und Innovationskraft

Ab dem 16. Jahrhundert beginnt die große Zeit des Bergbaus im Harz. Der Bedarf an Silber im deutschen Reich ist groß. Kriege müssen finanziert werden, Herrscher wollen ihre Macht ausbauen. Mit der sogenannten Bergfreiheit gewähren Fürsten Privilegien, die Bergleute und Investoren anziehen sollen. Die Landesherren profitierten davon, da ein Teil der Erträge in Form von Abgaben oder Schürfrechten an sie geht.

Da ihre Eigentumsrechte an den abgebauten Rohstoffen garantiert sind, beginnen Investoren ihr Kapital in den Bergbau einzubringen. Attraktive Gehälter, eigene Gerichtsbarkeiten und die Befreiung vom Militärdienst machen den Bergbau im Harz attraktiv und locken die besten Ingenieure und Bergleute aus dem In- und Ausland an. Heute würde es heißen: Gut ausgebildete Facharbeiter kamen von überallher, um im Harz ihr Glück zu finden. Sie bringen ihr Wissen mit, wodurch sich innovative Technologien schneller entwickeln, die in den tiefer werdenden Schächten eingesetzt werden. Die Zuwanderung trägt so zum Erfolg des Harzer Bergbaus bei.

Um den Energiehunger des Bergbaus zu befriedigen, wird auf die Kraft des im Harz reichlich vorhandenen Wassers gesetzt. Ingenieure erschaffen vom 16. bis ins 19. Jahrhundert mit der Oberharzer Wasserwirtschaft Außergewöhnliches: ein System zur Umleitung und Speicherung, das Wasserräder in den Bergwerken rund um Clausthal und Zellerfeld antreibt und eine effizientere Förderung und Verarbeitung der Erze ermöglicht. Wirtschaftliche Anreize, technologische Innovationen und der Zustrom qualifizierter Arbeitskräfte fügen sich in der Hochzeit des Harzer Bergbaus optimal zusammen.

ATEMSCHUTZ

Vom einfachen feuchten Tuch bis hin zu modernen Sauerstoffkreislaufgeräten hat sich die Atemschutztechnik im Bergbau stetig weiterentwickelt.

ABTRANSPORTIERT wurde das Erz im unterirdischen Gangsystem mit Grubenbahnen.

FAHRKUNST
Die Harzer Innovation aus dem 19. Jahrhundert ermöglichte den Bergleuten den effizienten Transport zwischen verschiedenen Ebenen eines Bergwerks und ersetzte die oft gefährlichen Leitern. Ein berühmtes Beispiel befindet sich in der Grube Samson in St. Andreasberg.

Die Festigung des Erfolgs

Die Investitionen in den Abbau von Silber, Kupfer und anderen Metallen und der technologische Fortschritt führen zu einem Aufschwung in der Region. Städte wie Goslar, Clausthal oder Zellerfeld wachsen und entwickeln sich zu bedeutenden Bergbauzentren, die sich durch ihre wirtschaftliche Ausrichtung und Infrastruktur, wie Hütten, Gräben und Teiche, deutlich von anderen Siedlungen unterscheiden. Fortschritte in der Metallverarbeitung wie der Einsatz von Hochöfen und verbesserten Schmelzverfahren steigern die Produktivität und die Qualität der verarbeiteten Erze. Hüttenwesen sowie Glas- und Metallproduktion gedeihen im Umfeld des Bergbaus.

In einer Zeit, in der der Harz eine bedeutende Rolle im europäischen Bergbau spielt und die Hälfte des in Deutschland geförderten Silbers aus Clausthal und Umgebung kommt, wird 1775 in Clausthal die Bergschule gegründet. Sie soll den steigenden Bedarf an Fachkräften decken und den Bergbau, dessen Rentabilität nachlässt, durch eine bessere Ausbildung weiterentwickeln. Neben Bergbaukunde umfasst der Lehrplan Mathematik, Mechanik, Mineralogie, Chemie, Probierkunst sowie Maschinen- und Hüttenwesen. Die „Montanistische Lehrstätte" wird zu einer Institution: 1864 zur Königlichen Bergakademie aufgewertet, gibt sie heute als Technische Universität der Region mehr denn je entscheidende Wachstumsimpulse.

KRAFTAKT

Frühe Druckluftschlagbohrer wogen oft über 20 kg. Die Bergleute hielten sie über längere Zeit über Kopf oder in gebückter Haltung. Das Ansetzen und Führen des Bohrers war anstrengend, insbesondere bei harten Gesteinen.

ANTRIEB

Mithilfe riesiger Wasserräder wurden Gruben entwässert, Fahrkünste sowie Maschinen betrieben, die Erze aufbereiteten.

Aus Tradition wird Zukunft: die Hidden Champions des Harzes

Bis ins 20. Jahrhundert lässt die Leistung der Ingenieure die Stollen immer tiefer werden. Doch die Vorkommen an wertvollen Erzen nehmen ab. 2007 schließt mit der Grube Wolkenhügel in Bad Lauterberg das letzte Bergwerk. Bis heute sind die Spuren des Bergbaus in der Region sichtbar. Der enorme Holzverbrauch etwa führte zu einer Fichten-Monokultur mit Folgen. Aus den mittlerweile sterbenden Fichtenwäldern wächst heute der Wald der Zukunft heran. Die Harzer Wasserwirtschaft mit ihren vielen Stauseen und Teichen bleibt nicht nur für Touristen sehenswert, sondern wird in Teilen noch zur Wasser- und Stromversorgung privater Haushalte und Unternehmen genutzt. Das Glas und Metall verarbeitende Gewerbe entwickelt noch immer zukunftweisende Lösungen.

Die international renommierte TU Clausthal, ursprünglich für den Bergbau gedacht, bringt in den Feldern Rohstoffe, Energie, Materialwirtschaft und Digitalisierung immer wieder hochkarätige Wissenschaftler, Erfinder und Unternehmensgründer hervor. Unternehmen wie Sympatec oder SincoTec sind im Umfeld der Hochschule entstanden und durch ihre bahnbrechenden Innovationen weltweit die Nummer eins in ihren Märkten. Andere wie Electrocyling, das europaweit größte Recyclingunternehmen für Elektroschrott, kooperieren erfolgreich in verschiedenen Forschungsprojekten mit der Uni. Wurden im Harzer Bergbau einst die primären Rohstoffe dem Berg entnommen, so wird jetzt in der Region mit Unterstützung der TU auf die Gewinnung erneuerbarer Ressourcen gesetzt, zu dem auch die Wiederverwertung von Rohstoffen gehört. Die Vision: Die Region soll zum Silicon Valley des Recyclings werden. Mit dem im Jahre 2011 gegründeten und stetig wachsenden Recyclingcluster REWIMET ist die Region auf dem Weg genau dorthin.

Gesetze und Regelungen verhalfen einst dem Bergbau zum Aufschwung, indem sie Unternehmergeist ebenso stärkten wie den Mut, Neues zu wagen. Diese Eigenschaften finden sich noch heute in der Mentalität der Harzer Unternehmen wieder. Ihre Innovationskraft und ihre Treue zum Harz sichern Wohlstand und Zukunftsfähigkeit der Region.

„Der Harz ist wahre Quelle der Erfahrungen und Entdeckungen in der Mechanik und Physik. Ich glaube, mit fünf oder sechs Praktikern aus dem Harz mehr entdecken zu können als mit 20 der größten Gelehrten Europas."

Gottfried Wilhelm Leibnitz

ÜBERTAGE
Bevor die Erzbrocken ihren Weg zur Hütte nahmen, durchliefen sie diverse Aufbereitungsanlagen

AUSFAHRT

Der Transport von Erz durch Loren fand sowohl unter Tage als auch an der Oberfläche statt. Unter Tage wurden die Loren von Pferden oder Menschen gezogen, später dann auch von Dampflokomotiven. Eine gewöhnliche Bergbaulore hatte ein Fassungsvermögen von etwa 500 bis 800 kg Erz. Einige größere Loren konnten bis zu 1 Tonne fassen.

UNTER TAGE

Über Jahrhunderte kam der Wohlstand der Region aus dem Berg.

HOCH HINAUS

Das Pulverhaus, die Firmenzentrale der Sympatec in Clausthal-Zellerfeld, ist benannt nach dem auf dem Areal befindlichen historischen Pulverhäuschen, in dem das für den Bergbau benötigte Sprengpulver gelagert wurde.

AUF TRADITION GEBAUT

Das moderne Firmengebäude von Sympatec liegt über den historischen Gruben Dorothee und Carolina, zweien der ertragsreichsten Gruben des Oberharzes. Historische Alleen führen zum Eingang des Besucherbergwerks, das öffentlich wie auch vom Firmengebäude aus zugänglich ist. Die Bezeichnung der Firmenzentrale als „Pulverhaus" erinnert an das historische Sprengstofflager der Grube Dorothee, das Pulverhäuschen.

IM KLEINEN GANZ GROSS

Ein Oberharzer Champion
Östlich der Bergstadt Clausthal erhebt sich ein markanter Turm. Er ist Teil der Firmenzentrale von Sympatec, einem Unternehmen, das vom Harz aus zum Weltmarktführer in der Partikelmesstechnik wurde. 1984 gelang Stephan Röthele und Professor Kurt Leschonski an der Technischen Universität Clausthal das, wovon viele Wissenschaftler und Studenten träumen: eine universitäre Ausgründung auf Basis einer bahnbrechenden Erfindung und der Unterstützung durch Schweizer Wagniskapital. Mit ihrer innovativen Technologie lassen sich aus einzelnen Partikeln bestehende Stoffe wie Pulver, Fasern und Granulate im trockenen Zustand messen, während die herkömmliche Methode zur Partikelmessung auf Flüssigkeiten angewiesen war. Die innovative Messtechnologie der Trockendispergierung liefert zudem in einem Bruchteil der Zeit auch noch die präziseren Messergebnisse.

Die Magie kleinster Teilchen
Was Sympatec bewegt, ist mit bloßem Auge oft kaum zu erfassen. Doch die Qualität von dispersen Produkten definiert sich darüber, wie gut sie ihre Funktion erfüllen. Und das hängt von den physikalischen Eigenschaften ihrer kleinsten Bestandteile ab, den Partikeln, deren Durchmesser im tausendstel Millimeterbereich liegen. Nur wenn zum Beispiel die Partikel eines Asthmasprays fein genug sind, können sie problemlos in die Lungen gelangen und dort wirken. Oder: Je feiner Zement gemahlen ist, desto schneller wird er fest und desto höher die Druckfestigkeit. Vom gemahlenen Kaffee und zarter Schokolade über die Beschaffenheit von Farben bis hin zu seltenen Erden und Batterien für die Elektromobilität: Die Messtechnologien aus dem Oberharz machen in vielen Branchen und Lebensbereichen den Unterschied.

Weltweit erfolgreich
Von Mumbai bis New Jersey: Heute unterstützt die Sympatec GmbH vom Harz aus mit innovativen Messsystemen Kunden in über 75 Ländern in der Entwicklung, Herstellung und Qualitätskontrolle anspruchsvoller Produkte. Das Portfolio reicht von Laserbeugungssystemen für die hochpräzise Messung von Partikelgrößenverteilungen über dynamische Bildanalysen zur detaillierten Charakterisierung von Partikelformen bis zu In-situ-Messungen zur Echtzeit-Überwachung in Produktionsprozessen. Mit mehr als 7.000 installierten Systemen, 200 Mitarbeitenden, 20 Standorten und Partnern in über 50 Ländern dominiert Sympatec in einer technologischen Nische von größter Relevanz.

Für die Gesellschaft
Unter dem Motto „Fundamente sichern, Talente fördern" setzt sich Sympatec in zahlreichen Projekten für die Gesellschaft ein. Unter anderem unterstützte das Unternehmen die Sanierung der Clausthaler Marktkirche, Deutschlands größter Holzkirche, sowie die Gründung und jährliche Durchführung des renommierten HarzClassixFestivals. Den akademischen Nachwuchs fördert Sympatec mit einem Deutschlandstipendium. Auch im Sport ist das Unternehmen aktiv und unterstützt unter anderem den Nachwuchs im Biathlon.

Generationswechsel
Seit 2022 führt Dr.-Ing. Sebastian Röthele, der Sohn des im Januar 2023 verstorbenen Gründers Stephan Röthele, das unabhängige Familienunternehmen in eine neue Ära. Gleichgeblieben ist das Firmensymbol: Der Kaktus, die einzige Frucht, die in trockener Umgebung gedeiht, steht symbolisch für die Trockendispergierung. Beim jährlichen Cactus Dinner werden neue Teammitglieder mit ihren eigenen grünen Kaktus-Anstecknaden in die Sympatec-Familie willkommen geheißen, einem Symbol der Zugehörigkeit, das jeder Mitarbeiter mit Stolz trägt.

AUSBEUTEFAHNE

Früher waren ertragreiche Gruben durch eine sogenannte Ausbeutefahne gekennzeichnet. Sympatec hat daraus eine eigene Tradition entwickelt: In jedem Geschäftsjahr mit positivem Ergebnis fördert das Unternehmen Gemeinsinn-Projekte in der Region und stellt eine weitere metallene Ausbeutefahne auf das begehbare Dach des Pulverhauses. Die Gestaltung der Fahne nimmt dabei Bezug zu Ereignissen, die das Geschäftsjahr besonders geprägt haben.

Hi226
SYMPA
TEC
VIBRI / L

"Im Harz verbinden sich Wissenschaft, Innovation und Tradition auf eine einzigartige Weise. Die TU Clausthal ist unsere Alma Mater und damit Grundlage unserer Erfolgsgeschichte. Unsere Durchbruchinnovation ebenso wie unsere Gründungsgeneration haben ihren Ursprung in der Clausthaler Universität. Auch heute noch spielt die Uni eine wichtige Rolle in der Gewinnung neuer Talente."

SEBASTIAN RÖTHELE
mit der Durchbruchinnovation von Sympatec, der bewährten HELOS-Laserbeugungsserie mit Trockendispergierer RODOS zur zuverlässigen Analyse von Partikelgrößenverteilungen.

WO WISSEN WÄCHST
Die TU Clausthal beschäftigt sich mit Technologien und Methoden zum nachhaltigen Management der Ressourcen Energie, Material und Information. Dabei greift sie das Konzept der Circular Economy auf, auch als Kreislaufwirtschaft bezeichnet.

DER MOTOR

SPEZIAL FAKTOR

DER WIRTSCHAFTS-MOTOR FÜR DEN HARZ

Aus Tradition innovativ
Womöglich entsteht neues Wissen am ehesten dort, wo sich Menschen am meisten vom Fortschritt versprechen. Als 1775 die Bergschule in Clausthal gegründet wird, steht die konkrete Anwendung von Wissen im Vordergrund. Gut ausgebildete Fachkräfte sollten den Bergbau technisch weiterentwickeln, um die Förderung von Erzen effizienter zu machen. Bald schon wartet die Bergschule mit technologischen Durchbrüchen auf. 1834 erfindet der Clausthaler Oberbergrat Julius Albert das Drahtseil – eine Weltneuheit. Statt Hanfseilen und Eisenketten, die häufig reißen beziehungsweise brechen, hängen die Lasten nun wesentlich sicherer am ersten Drahtseil der Weltgeschichte.

Forschungsstark in die Praxis
250 Jahre nach ihrer Gründung ist der Bergbau im Harz Geschichte und aus der Bergschule die international renommierte Technische Universität geworden. Mehr denn je ist die TU ein Hotspot der praxisorientierten Forschung: Durch ihre enge Zusammenarbeit mit der Wirtschaft schlägt sie die Brücke von der Grundlagenforschung in die Anwendung. So erwachsen aus ihr immer wieder bahnbrechende Technologien, denen nicht selten die Unternehmensgründung folgt, die wahre Weltmarktführer hervorbringt. Als größte Arbeitgeber der Region ist die TU zudem selbst der wichtigste Wirtschaftsfaktor der Region.

Kreislaufwirtschaft als gesellschaftlicher Auftrag
Ging es im Bergbau um den effizienten Abbau nicht erneuerbarer Rohstoffe, so geht es der TU um erneuerbare Energien, das Recycling wiederverwertbarer Rohstoffe sowie eine ressourceneffiziente Kreislaufwirtschaft, die ein Umdenken in allen Bereichen erfordert. Damit unterstützt die TU in Zeiten des Klimawandels und der Digitalisierung den Aufbau einer nachhaltigen Gesellschaft. Als Universität der Circular Economy versteht sie sich als Schrittmacher für die Region, in der es eine ausgeprägte Recycling-Kompetenz gibt. Das Ziel: die Gestaltung der Circular Region Harz.

DIE AULA ACADEMICA
ist ein bedeutender Veranstaltungsort und eines der architektonisch herausragenden Gebäude der Universität. Ein Ort der akademischen Tradition und Identität.

1775 als Bergschule zur Ausbildung von Berg- und Hüttenleuten gegründet, 1968 zur Technischen Universität Clausthal erhoben.

Miteinander vorwärts denken
Unter dem Dach Circular Economy geht es in der TU konsequent interdisziplinär zu: In den vier Forschungsfeldern Nachhaltige Energiesysteme, Rohstoffs- und Ressourceneffizienz, Nachhaltige Materialien und Prozesse sowie Digitalisierung wird eng verzahnt zusammengearbeitet, um von der linearen zur zirkularen Wirtschaft zu gelangen. Die großen Herausforderungen werden an der TU ganzheitlich gedacht: Technische Lösungen und nachhaltige Geschäftsmodelle sollen mit gesellschaftlicher Akzeptanz einhergehen. So treffen in der TU unter anderem Ingenieure, Naturwissenschaftler, Informatiker und Verhaltensökonomen aufeinander, um gemeinsam innovative Lösungen zu entwickeln. Auch deshalb entstehen aus der Uni heraus immer wieder Unternehmen. Dabei gibt die TU selbst Starthilfe, wenn aus einer Geschäftsidee ein Start-up werden soll. Seit September 2022 gibt es zudem auf dem Campus das Gründungszentrum. Ziel ist es, Gründungsvorhaben im Verbund mit Akteuren aus Hochschule, Wirtschaftsförderung und Mittelstand bestmögliche Startbedingungen zu bieten.

Mehr als 3.000 Studierende, darunter 1.400 aus mehr als 90 verschiedenen Ländern, machen Clausthal zu einer offenen und lebendigen Stadt.

Regional und weltweit verbunden
So wie einst die Bergschule die klügsten Köpfe von überallher anzog, so kommen heute rund die Hälfte der Studierenden aus dem Ausland, was die Universität zu einer internationalen Gemeinschaft macht. Kooperationen mit Hochschulen, außeruniversitären Forschungseinrichtungen sowie Unternehmen aus der Region und weltweit stärken die internationale Ausrichtung der TU. Mit ihrer Kombination aus Tradition und moderner Forschung und eingebettet in die Landschaft des Oberharzes ist die TU ein Magnet für ambitionierte Wissenschaftler. Zugleich gehen von ihr aus Vorwärtsdenker und neue Ideen in die Welt.

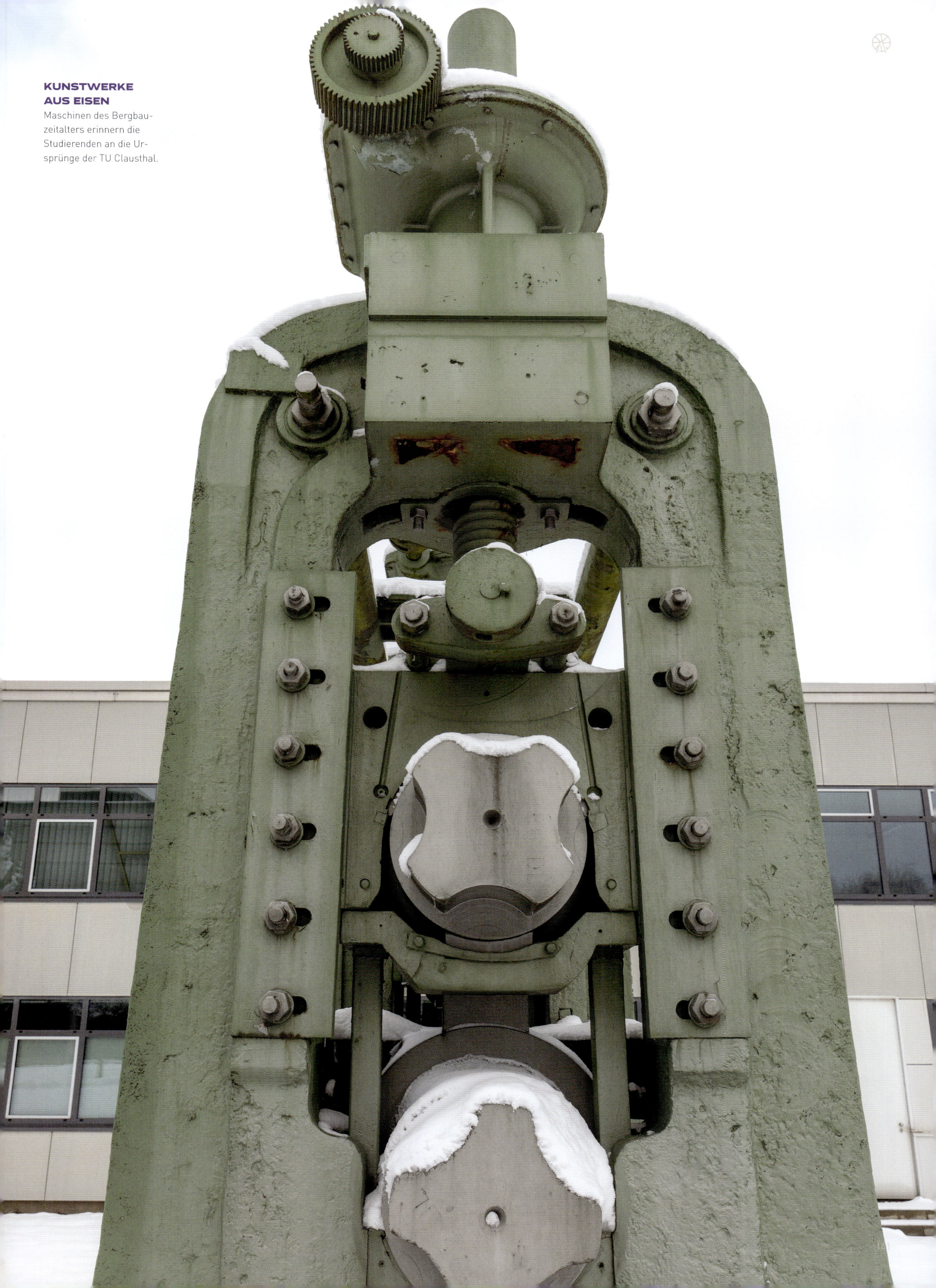

KUNSTWERKE AUS EISEN
Maschinen des Bergbauzeitalters erinnern die Studierenden an die Ursprünge der TU Clausthal.

VOM KASPISCHEN MEER NACH CLAUSTHAL

Jeder Mensch ist ein Buch voller Erfahrungen
„Mein Name ist Ali Naderivarandi, und ich komme aus Sari, einer Stadt im Norden Irans, am Kaspischen Meer. Als Kind liebte ich es, Flugzeuge zu beobachten und mir vorzustellen, in ferne Länder zu reisen, andere Kulturen zu erleben, neue Menschen zu treffen und ihre Geschichten zu verstehen. Jeder Mensch ist für mich ein Buch voller Erfahrungen. Ich war schon immer überzeugt, dass Menschen von sozialer Interaktion leben, so wie ein Auto nur mit Treibstoff fahren kann. Wie viele junge Menschen im Nahen Osten wünschte ich mir ein Auslandsstudium. Als ich eines Abends Rat bei meinem Professor suchte, wollte es der Zufall, dass eine seiner ehemaligen Studentinnen bei ihm war und mir ein Studium in Österreich empfahl. Fest entschlossen, diesen Weg einzuschlagen, begann ich mit dem Deutschunterricht."

„Alles, was ich wusste, war, dass Clausthal eine große Kirche hat, von der ich dachte, dass sie mir helfen würde, mich zurechtzufinden."

TU Clausthal

Destination Harz

„Als ich schließlich die A2-Sprachprüfung bestand, die für österreichische Universitäten erforderlich ist, schlug mir mein Deutschlehrer vor, Deutschland statt Österreich in Betracht zu ziehen. Er hatte 25 Jahre lang dort gelebt und glaubte, dass ich das Talent und den Ehrgeiz hätte, dort erfolgreich zu sein. Allerdings war in Deutschland ein B2-Zertifikat erforderlich. Dafür musste ich für neun Monate nach Teheran. In dieser Zeit informierte ich mich über Universitäten in Deutschland. Die TU Clausthal weckte meine Aufmerksamkeit: Es gab gute Wohnmöglichkeiten, der Schwerpunkt lag auf Ingenieurwesen und Technologie, und die Lebenshaltungskosten waren erschwinglich. Ich entschied mich schließlich für die TU Clausthal. Mein Plan war einfach: in Clausthal anfangen, mein Deutsch auf C1 verbessern und dann in eine größere Stadt wechseln."

Neu hier

„Es war ein Sonntagnachmittag, als ich in Clausthal ankam, und ich hatte weder eine SIM-Karte, genügend Bargeld noch ausreichende Deutschkenntnisse. Alles, was ich wusste, war, dass Clausthal eine große Kirche hat, von der ich dachte, dass sie mir helfen würde, mich zurechtzufinden. Als ich den Busfahrer nach einer Fahrkarte nach Clausthal fragte, korrigierte er mich: „Es heißt Clausthal-Zellerfeld." Ich stieg an der ersten großen Kirche aus, die ich sah, und stellte fest, dass sie in Zellerfeld und nicht in Clausthal lag. Ein freundlicher Einheimischer, der meine Verwirrung bemerkte, lächelte und sagte: „Sie müssen neu hier sein." Er wies mir den Weg zum richtigen Bahnhof, und schließlich erreichte ich mein Ziel mit dem Taxi."

In der Stille liegt die Kraft

„Dem Charme von Clausthal erlag ich schnell. Die Stadt bietet eine einzigartige Mischung aus Natur, Gemeinschaft und akademischer Ausrichtung. Die Sommer sind ein grünes Fest, während die Winter Schnee und unzählige Aktivitäten im Freien ermöglichen. Die kleinstädtische Atmosphäre fördert ein starkes Gemeinschaftsgefühl unter den Studenten. Auch die Professoren waren sehr zugänglich, was mir gefällt. Und weil es so ruhig und beschaulich war, konnte ich mich voll und ganz auf meine Arbeit konzentrieren – etwas, das mir in geschäftigen Städten schwerer fällt. Eigentlich sollte mein Aufenthalt nur vorübergehender Natur sein, doch daraus wurde nichts: Ich blieb fast 5 Jahre im Harz."

Das Potenzial ist so groß

„Mein Weg von Sari nach Clausthal war nicht einfach, aber jede Herausforderung, der ich mich stellte, hat mich wertvolle Lektionen gelehrt und die Person geformt, die ich heute bin. Der Harz ist mehr als nur ein Ort, an dem ich studiert habe – es ist der Ort, an dem ich als Mensch gewachsen bin, mein Potenzial entdeckt habe und zu einer Gemeinschaft beitrage, die mich jedes Jahr zu Weihnachten und Ostern in Clausthal mit offenen Armen empfängt. Ich hoffe, dass der Harz eines Tages zu einem der führenden Technologiezentren bei den Themen Recycling und Circular Economy wird. Das Potenzial ist so groß, und mit den richtigen Investitionen und Innovationen könnte die Region noch mehr Talente aus der ganzen Welt anziehen."

SO VIEL MEHR ALS EIN STUDIUM

Der Kulturvorstand
Nach seinem Bachelor im Iran absolvierte Ali Naderivarandi an der TU Clausthal seinen Master in Wirtschaftsinformatik. Doch Naderivarandi interessierte sich für mehr als sein Studium und engagierte sich in der Hochschulpolitik: 2018 als Kulturreferent im Allgemeinen Studierendenausschuss (Asta). Im Jahr 2019 wurde er als Kulturvorstand gewählt und war Mitglied des Senats des Studentischen Parlaments.

Der Sportler
Auch als Hapkido-Sportler machte der gebürtige Iraner auf sich aufmerksam. Mit der populären koreanischen Kampfkunst begann er bereits im Alter von sieben Jahren. 2017 gewann Naderivarandi bei den Weltmeisterschaften in Monterrey, Mexiko, die Silbermedaille in der Gewichtsklasse bis 74,5 Kilogramm. Und das trotz einer Muskelverletzung, die er sich im Halbfinale zuzog. Die TU unterstützte seine Teilnahme in Mexiko auch finanziell. Als Obmann im Clausthaler Hochschulsport revanchierte sich Naderivarandi unter anderem mit dem ersten internationalen Selbstverteidigungskurs der TU.

Der Entwickler
Neben seinem Studium entwickelte der Wirtschaftsinformatiker auch Apps, unter anderem eine Apotheken-App und eine Lieferdienst-App für die Harzer Gastronomie. Als Scrum-Master und Agile Coach war Naderivarandi zunächst von 2019 bis 2022 in der dynamischen Welt der Spieleentwicklung tätig, wo er mit einem international zusammengesetzten Team mehr als 15 Spiele herausbrachte. Seit 2023 arbeitet er in der Fintech-Branche für das Unternehmen Fintiba.

ZEITREISE
250 Jahre TU Clausthal im Überblick.

DIE WELT EIN STÜCK SICHERER MACHEN

Ein Champion, der keine Prüfung scheut
Die Harzer Bergarbeiter wussten aus eigener Erfahrung, wie entscheidend die Qualität von Bauteilen ist: In den Stollen waren instabile Holzstützen lebensgefährlich. Seit über 30 Jahren gibt es im Harz ein Familienunternehmen, das die Welt in vielen Branchen und Lebensbereichen sicherer macht. Durch Entwicklung und Einsatz von innovativen Technologien, mit denen sich Langlebigkeit und Sicherheit von Bauteilen besonders effizient und zuverlässig prüfen lassen.

Aus der Technischen Universität Clausthal heraus gründete Dr. Joachim Hug 1991 SincoTec. Und das mit einer Weltneuheit: Die Rechnergestützte Resonanzprüftechnik revolutionierte die Art und Weise, wie Lebensdauertests durchgeführt werden. Heute fertigt, baut und vertreibt SincoTec eine Vielfalt von Produkten rund um die dynamische Prüftechnik. Mit über 4.500 weltweit verkauften Maschinen ist SincoTec international aufgestellt.

Als Weltmarktführer mit über 100 Mitarbeitenden in mehr als 30 Ländern bietet SincoTec Prüflösungen für fast alle Industriebereiche – von Haushaltsgeräten wie Waschmaschinen über Automobile, Fahrräder und Schiffsmotoren bis hin zu Zügen. Das Motto der Oberharzer: „Gemeinsam machen wir die Welt sicherer".

Die Revolution der Prüfprozesse:
SincoTec entwickelte die weltweit erste computergesteuerte Resonanzprüfmaschine. Mit einem Hundertstel der Energie im Vergleich zu Hydraulik können Prüfungen so viel schneller, preiswerter und höchstgenau durchgeführt werden. Die Resonanztechnologie bildet das Herzstück des Unternehmens und wurde mehrfach ausgezeichnet.

Die Nachfolgerin
Sabrina Hug-Lohmüller bezeichnet SincoTec scherzhaft als ihren Zwilling, gründeten ihre Eltern das Unternehmen doch nur anderthalb Monate nach ihrer Geburt. Aufgewachsen in Clausthal-Zellerfeld, ist sie mit Firma und Region eng verbunden. Am Mittagstisch war SincoTec häufig ein Thema. Nach dem Studium des Wirtschaftsingenieurwesen Maschinenbau in Braunschweig kehrte sie 2017 aus familiären Gründen mit ihrem Ehemann Tom Lohmüller zurück in den Harz. Es war ihr Einstieg ins Unternehmen. Während ihr Vater Dr. Joachim Hug seine Arbeitszeit Schritt für Schritt reduzierte, übernahm sie gemeinsam mit weiteren Führungskräften mehr und mehr Verantwortung. Der Übergang war herausfordernd: ein Sprung ins kalte Wasser, wie sie sagt. Doch trotz eines schwierigen Anfangs und zusätzlichen Hürden durch die COVID-19-Pandemie, Lieferengpässe und den Ukraine-Krieg hat sie sich erfolgreich im Unternehmen etabliert. Ihre Entscheidung, in den Harz zurückzukehren und ins Familienunternehmen einzutreten, hat sie nie bereut. Heute verantwortet sie als Geschäftsführerin die Unternehmensentwicklung, -strategie und -steuerung sowie das Marketing. Hug-Lohmüller ist stolz darauf, dass das Unternehmen mit rund 30 Ingenieuren und 70 Technikern ein solides Team aufweist und eigene Nachwuchskräfte ausbildet. Die Nähe zur Technischen Universität Clausthal ist ein wichtiger Vorteil durch Kooperationen in der Forschung und Innovationen, die das Unternehmen weiter voranbringen.

Wandel als Chance
Für Hug-Lohmüller ist der Wandel das Geschäft des Unternehmens, das sich kontinuierlich den neuesten technologischen Herausforderungen stellt. Dazu gehört auch eine gute Portion Flexibilität: Als das Unternehmen etwa Karabiner für Paraglider testete, entwickelte es eine eigene Prüfnorm, die dynamische Belastungen berücksichtigt. Diese Anpassungsfähigkeit ist ein Schlüssel zur Zukunft für ein Unternehmen, das stets auf neue Entwicklungen reagiert. So befasst sich ein aktuelles Projekt mit Wasserstofftechnologie und der Langlebigkeit von Wasserstofftanks, wofür Druckprüfstände von bis zu 1.000 bar entwickelt wurden. Auch dem Potenzial von künstlicher Intelligenz steht Hug-Lohmüller offen gegenüber: Als technologieorientiertes Unternehmen bewertet man Chancen generell größer als Risiken.

„Solange es Entwicklungen gibt, sind wir dabei und finden Lösungen für neue Herausforderungen."

Bunker für spektakuläre Tests
Am Hauptstandort in Clausthal-Zellerfeld laufen mehr als 160 verschiedene Prüfmaschinen nonstop und testen Bauteile oder Komponenten bis zur Belastungsgrenze. Das Betriebsfestigkeitslabor ist das vielfältigste in Europa und führt jährlich über 400 Prüfaufträge durch.

Eine weitere Besonderheit von SincoTec: Das Unternehmen wurde in den alten Bundeswehrkasernen des Oberharzes gegründet. Die vorhandenen Bunker werden für teils spektakuläre Tests genutzt. Beispielsweise werden Motoren in Hochgeschwindigkeitstests bis zu 30.000 Umdrehungen pro Minute betrieben, bis die Bauteile bei einer Umfanggeschwindigkeit von 1.000 Kilometern pro Stunde auseinanderfliegen.

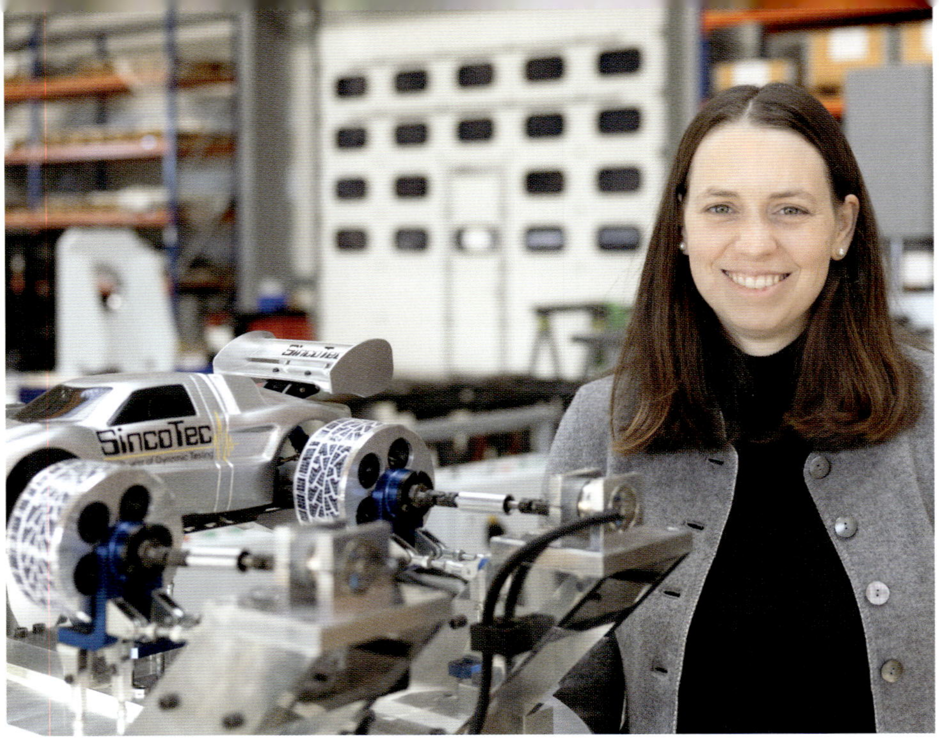

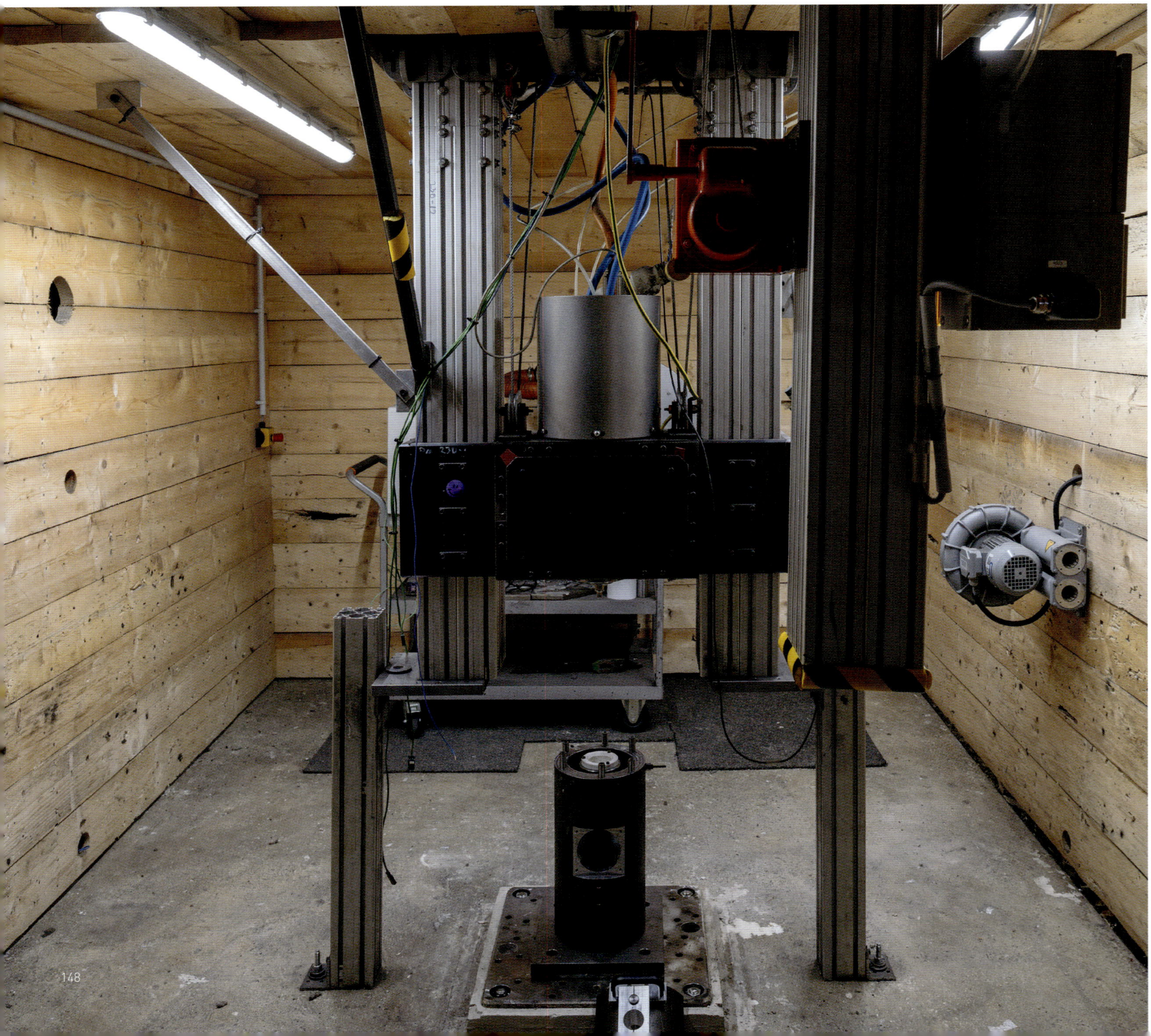

Architektur als Identitätsmarker
Mittlerweile nimmt SincoTec etwa die Hälfte des ehemaligen Kasernengeländes ein, ergänzt durch weitere Modernisierungen und Neubauten. Vor allem die Firmenzentrale fällt ins Auge: Der kreative Mix aus Glas und Metall sorgt für lichtdurchflutete Räume, was der Offenheit und Innovationsfreude des Hightech-Unternehmens entspricht.

EINMALIG

Kupfervitriol wurde im Harz aus Erzen wie Kupferkies durch Verwitterung oder künstliche Vitriolbildung gewonnen und war ein wichtiges Handelsprodukt.

UNENDLICH

Metallschrott hat eine hohe Recyclingfähigkeit und bleibt fast unbegrenzt wiederverwertbar. Das schont Ressourcen, ist klimafreundlich und spart Energie.

IM SILICON VALLEY DES RECYCLINGS

Der Bergbau im Harz ist Geschichte, und doch werden in der Region wieder wertvolle Metalle gewonnen. Nicht mehr durch Abbau, sondern durch Rückgewinnung, etwa aus Elektroschrott.

Kaum jemand hat in den vergangenen Jahren die Themen Recycling und Kreislaufwirtschaft in Wissenschaft und Praxis so nach vorne gedacht und gebracht wie Professor Daniel Goldmann. An der TU Clausthal, wo er einst studierte, bevor er in die Wirtschaft ging und unter anderem bei Volkswagen das Recyclingprogramm aufbaute, leitet er seit 2008 das Institut für Aufbereitung, Deponietechnik und Geomechanik (IFAD), welches sich zu Beginn des Jahres 2025 mit weiteren vier Instituten zum gemeinsamen Rohstoffinstitut (IGMR) zusammengeschlossen hat. Mit Goldmann hat sich die TU Clausthal als führendes Zentrum für Recyclingforschung in Europa etabliert, das eng mit den Hochschulen in Nordhausen und Wernigerode und der Bauhaus-Universität zusammenarbeitet.

Goldmann ist sicher: Der Harz kann zum Silicon Valley des Recyclings werden. „Alles, was man bei gutem Wetter vom Brocken sehen kann, gehört dazu", erklärt er. Sein Ziel ist es, die Region als Flaggschiff der Kreislaufwirtschaft in Niedersachsen und darüber hinaus zu etablieren.

Zukunftsregion Harz

Goldmanns Motivation: Der Harz soll ein Ort der industriellen Produktion bleiben und zugleich Lebensräume und Arbeitsplätze bieten, die nachhaltig und innovativ sind. Er will den Harz zu einer Zukunftsregion machen, in der Recycling und Kreislaufwirtschaft im Mittelpunkt stehen. Dies spiegelt sich auch in den Aktivitäten von REWIMET wider. Der Zusammenschluss aus Unternehmen – viele von ihnen Weltmarktführer und Innovationstreiber in ihren Branchenm – Forschungseinrichtungen und weiteren Akteuren arbeitet gemeinsam an innovativen Lösungen für die Recyclingbranche. „Seit 13 Jahren setzen wir uns dafür ein, durch Forschung und Innovation Arbeitsplätze zu schaffen und CO_2-Emissionen zu senken", erklärt Goldmann stolz.

„Wir wollen hier nicht nur Ressourcen sichern, sondern auch die Region durch nachhaltige Projekte stärken."

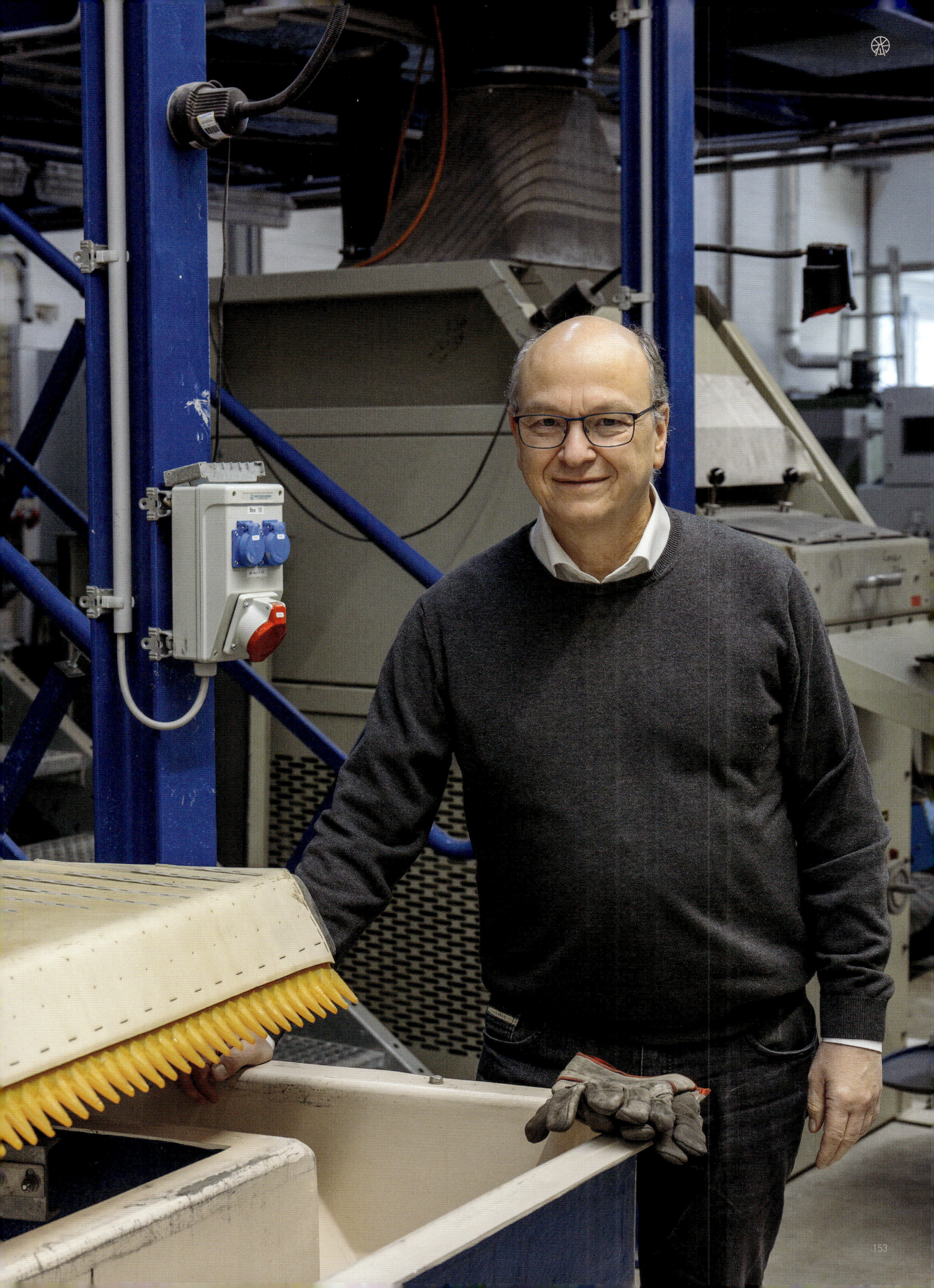

„Wir müssen Lebensräume und Arbeitsplätze in einer Region schaffen, die nachhaltig und zukunftsfähig sind. Das ist meine Motivation, und dafür setze ich mich ein."

Von der Wissenschaft in die Praxis

Eine Vielzahl an Experten aus verschiedensten Disziplinen arbeiten in engen Partnerschaften mit Unternehmen, Kommunen und anderen Forschungseinrichtungen an wegweisenden Projekten zur Kreislaufwirtschaft und zum Recycling. Nicht nur produzierende Unternehmen, auch der Handel ist hier eingebunden. So ist etwa der MediaMarkt in Goslar verstärkt in den Bereich Reparatur eingestiegen

Ein Projekt, bei dem Vergangenheit auf Zukunft trifft, ist der anvisierte Rückbau der Bergeteiche am Rammelsberg. Die künstlich angelegten Becken dienten im Bergbau als Absetz, um Rückstände (Bergematerial) aus der Aufbereitung der Erze abzulagern. Eine Vielzahl früher nicht gewinnbarer oder nicht benötigter Inhaltsstoffe wie Indium oder Cobalt, aber auch alle anderen noch vorhandenen Wertstoffe sollen zurückgewonnen werden. Die Menschen vor Ort bei einem solchen Projekt mit einzubinden, das ist für Goldmann selbstverständlich. Er kooperiert deshalb mit der Soziologin Alena Bleicher von der Hochschule Wernigerode, die den Dialog mit den Bürgern in Oker führt und fördert.

Spannend ist auch die Zusammenarbeit mit Elektrocycling in Harlingerode, einem der führenden und innovativsten Recyclingunternehmen in Europa, spezialisiert auf die umweltgerechte Verwertung von Elektro- und Elektronikaltgeräten. 1995 gegründet, gilt es als Pionier im Bereich der Elektroschrottaufbereitung. Goldmann hebt die Bedeutung solcher Partnerschaften hervor: „Es geht nicht nur um Innovationen in Recycling und Kreislaufwirtschaft und um das Sichern von Ressourcen, sondern auch um die Stärkung der Region."

INNOVATIV MIT DER KRAFT DER NATUR

Im November 2024 nahm Niedersachsens Umweltminister Christian Meyer in Clausthal-Zellerfeld Europas größte Pflanzenkläranlage in Betrieb. Ihr Ziel: das Gelände der ehemaligen Sprengstofffabrik „Werk Tanne" von sprengstofftypischen Schadstoffen zu reinigen.

Ein natürliches Verfahren gegen Altlasten

In der Kläranlage wirken Pflanzen, Boden und Mikroorganismen zusammen, um kontaminiertes Wasser zu reinigen. Die hierfür errichteten sogenannten „Constructed Wetlands", eine Kombination aus Wasserflächen und Schilfbeeten, fügen sich harmonisch in die natürliche Umgebung ein. Das in Sickergruben gesammelte Regen- und Schmelzwasser wird in die Becken der „Constructed Wetlands" eingeleitet, wo Pflanzen und Mikroorganismen die Reinigungsarbeit übernehmen.

Positive Bilanz

Das Verfahren ist vergleichsweise einfach, effektiv und kostengünstig. Durch die Nutzung des natürlichen Gefälles und des biologischen Reinigungsprozesses bleibt das Verhältnis von Nutzen und Kosten positiv, was angesichts der langen Sanierungszeiträume besonders wichtig ist. Zudem ist die Ökobilanz des Verfahrens anderen Sanierungsansätzen deutlich überlegen.

Überbleibsel aus dem Krieg

Die ehemalige Sprengstofffabrik „Werk Tanne" zählte während der NS-Zeit zu den fünf größten Sprengstoff- und Munitionswerken im Deutschen Reich. Hauptsächlich wurde dort TNT produziert und in Bomben, Minen und Granaten abgefüllt. Ein großes Problem stellte damals die Entsorgung der großen Mengen an kontaminierten Abwässern dar, deren Rückstände noch heute im Boden vorhanden sind.

WIE DIE KRAFT DES WASSERS EINE GANZE REGION ANTREIBT

Eine Meisterleistung der Ingenieurskunst, perfektioniert über Jahrhunderte, bis heute aufs Wunderbarste die Landschaft prägend, wird die Oberharzer Wasserwirtschaft 2010 von der UNESO als Weltkulturerbe der Menschheit anerkannt. Mit ihren Stauteichen, Gräben, Wasserläufen und teils riesigen Wasserrädern setzt sie weit vor der industriellen Revolution technologisch Maßstäbe, ohne die der Bergbau nicht denkbar ist. Noch heute ist die Oberharzer Wasserwirtschaft ein Vorbild für die nachhaltige Nutzung unserer Ressourcen.

Eine Naturgewalt im Dienst der Menschen
Das reichlich vorhandene Wasser war und ist für die Menschen im Harz immer zugleich Bedrohung und Chance. Flutete es die Gruben oder führte eine Schneeschmelze zu Hochwasser, wurde es lebensgefährlich. Regulierten und kontrollierten die Menschen dagegen seine Kraft, um sie zielgenau einzusetzen, wurde es zum hilfreichen Segen. Die Mönche des Klosters Walkenried, die aus anderen Zisterzienserklöstern die Kenntnisse der Wasserwirtschaft mitbringen, nutzen ab dem 13. Jahrhundert als Erste im Harz Wasserkraft systematisch für die Gewinnung von Erzen. Als die Region vom Mittelalter bis zur frühen Neuzeit zu einem der größten Bergbaugebiete Europas heranwächst und die Gruben immer tiefer werden, entwickelt sich parallel ein komplexes System aus Teichen, Gräben, Stollen und Wasserrädern, um den steigenden Energiebedarf zu erfüllen. Die Wasserkraft treibt Pumpen und Hämmer an, mit denen Gruben entwässert beziehungsweise Erze zerkleinert werden. Das intelligente Wassermanagementsystem funktioniert heute noch und lässt sich für Besucher über Wanderwege oder Museen, wie in der Grube Samson, erkunden.

In 400 bis 500 Jahren entsteht ein Netz aus mehr als 100 Teichen, 310 Kilometern Gräben und 31 Kilometern Wasserläufen.

NOCH IN BETRIEB
65 Teiche, 70 km Gräben, 20 km Wasserläufe.

DIE HAHNEBALZER TEICHE zwischen Clausthal-Zellerfeld und Goslar werden im 17. Jahrhundert von Bergleuten angelegt, um Wasser für den Bergbau zu speichern und die Energieversorgung der Erzbergwerke sicherzustellen. Heute sind sie Teil der historischen Oberharzer Wasserwirtschaft, die zum UNESCO-Weltkulturerbe gehört. Der Obere Hahnebalzer Teich, der mit einem acht Meter hohen Damm das Wasser auf einer Länge von 130 Metern staut, ist ein beliebter Badeteich mit besonders sauberem Wasser.

MÄCHTIG
Wasserräder erreichen einen Durchmesser von bis zu 12 Metern.

Die regulierte Kraft

Die Oberharzer Wasserwirtschaft ist ein komplexes Zusammenspiel von Rotation und Kraftübertragung, von Ver- und Entsorgung. Wasser wurde als Energiequelle genutzt, um etwa Grundwasser aus den tiefen Gruben zu bekommen. „Wasser mit Wasser heben" hieß das. Dafür musste das Wasser von den Quellen bis zum Einsatzort in den Bergbaugebieten transportiert werden. Die Harzer machten sich dabei das Gefälle ihrer Berge zunutze. Das Netz von Talsperren, Teiche genannt, ist systematisch in Kaskaden angelegt. Ein Teich nach dem anderen führt tiefer ins Tal. Vom ersten bis zum letzten Teich geht es bis zu 300 Höhenmeter nach unten gehen. Mit dem Wasserreservoir der Teiche ließen sich die trockenen Sommermonate überbrücken und Wasserräder beständig betreiben. Schmolz der Schnee, ließ sich mit den Teichen der Abfluss kontrollieren.

Wasserwege durchs Gebirge

Mindestens ebenso wichtig wie die Regulierung war die Verteilung: Ein 500 Kilometer langes Versorgungsnetzwerk sorgte dafür, dass das Wasser dort ankam, wo es gebraucht wurde. In schmalen Gräben überwand das Wasser das Gebirge. Vom Fuß des Brockens etwa wurde das Wasser im Dammgraben in die Bergbaugebiete transportiert. Mit nichts anderem als Schwerkraft: Auf einem Kilometer sorgen lediglich 20 bis 50 Zentimeter Gefälle für die Bewegung des Wassers. Wo die natürlichen Hindernisse es nicht zulassen, wurden Tunnel betrieben. Kein Tunnel, sondern ein Überbrückungsbauwerk, der Sperberhaier Damm, verbindet den Brocken mit dem Bergbaugebiet Clausthal und überquert dabei die Wasserscheide zwischen West- und Ostharz, Elbe und Weser.

ÜBERFLUSS
Der Harz zählt zu den regenreichsten Regionen Deutschlands. Seine Talsperren halten Wasser zurück und geben es kontrolliert ab, je nach Bedarf.

Die Kunst der Ingenieure
Vor Ort, in den Bergwerken, bewegt das Wasser dann per Kraftübertragung teils riesige Wasserräder, mit denen wiederum schwere Lasten nach oben oder in die Tiefe befördert wurden. Auch die Kumpels in den Fahrkunst genannten vorindustriellen Aufzügen bewegten sich so auf- und abwärts. Überhaupt Kunst: Mit dem Vorwort „Kunst" werden alle technischen Bauteile bezeichnet, die zur Gewinnung der Wasserkraft entwickelt wurden. Auch Wasserräder hießen eigentlich Kunsträder. Und selbst aus heutiger Sicht schufen die Ingenieure ja auch wahre Kunstwerke. Dass sie das konnten, das garantierte das Oberharzer Wasserregal: Neben dem Recht, Bergbau zu betreiben, der Bergfreiheit, genehmigten die Landesfürsten den Bergleuten die für den Bergbau so notwendige Wasserbeschaffung. Mit der unternehmerischen Freiheit entfesselte sich die Innovationskraft, die auch durch die Gründung der Bergakademie weiter zunahm.

Zwischen Freizeitwert und Energiegewinnung
Im Nationalpark Harz gelegen, zieht die Wasserwirtschaft zu jeder Jahreszeit Menschen an. Ein Netz von 22 Wanderwegen erschließt das Weltkulturerbe, das sich längst in die Natur einfügt, als sei es schon immer dort gewesen. Auch wenn es die Wasserwirtschaft für den Bergbau nicht mehr braucht, dient sie mit ihren Kanälen und Teichen noch immer den Menschen. Zum Beispiel zum Segeln, Angeln oder als natürliche Freibäder im Sommer. Aber auch als Reservoir besten Trinkwassers. Die großen Talsperren wie die Okertalsperre oder die Rapoldertalsperre sichern die Wasserversorgung für Millionen Menschen in Niedersachsen und Sachsen-Anhalt. Selbst Energie wird noch immer gewonnen. In der Grube Samson etwa werden seit 1912 zwei Turbinen betrieben, die bis heute rund 80 Prozent des Strombedarfs von St. Andreasberg decken – ein frühes Beispiel für nachhaltige Energiegewinnung. Heute erzeugen die Harzer Stauseen und Talsperren jährlich etwa 180 Millionen Kilowattstunden Strom.

Die Oberharzer Wasserwirtschaft war ein Vorläufer des nachhaltigen Managements der Ressource Energie, wie es heute etwa an der TU Clausthal gelehrt wird. Bergleute und Ingenieure nutzten den Wasserkreislauf als erneuerbare Energiequelle. Ein System, das über Jahrhunderte funktionierte, ohne die natürlichen Ressourcen zu erschöpfen. Ein Vorbild für die angestrebte Energiewende in Deutschland und die von Unternehmen und der TU Clausthal vorangetriebene Idee der Circular Economy.

DIE ODERTALSPERRE
dient dem Hochwasserschutz, der Stromerzeugung und der Niedrigwasseraufhöhung sowie zum Angeln, Baden, Segeln und Surfen.

WELOH

VOM FLEISCHWOLF ZUM WASSERSTOFF

Die Metallverarbeiter

Wie der Bergbau, so prägte auch die Metallverarbeitung den Harz: Aus dem gewonnenen Eisenerz stellten Harzer schon immer Werkzeuge her. Als Wilhelm Eisenhut und sein Sohn Herbert 1945 in Osterrode am Harz die Eisenhuth GmbH & Co. KG gründen, stehen sie in dieser Tradition. Nur ihr Rohstoff stammt nicht aus dem Berg. Ihr Geschäftsmodell: Sie kaufen Flugzeugwracks auf, schmelzen das Aluminium ein und produzieren daraus Gussteile – darunter den sehr beliebten Weloh-Fleischwolf. In den folgenden Jahren weitet die Firma ihre Produktion auf Haushaltsgeräte und ab 1951 auf Formen für die Anfertigung von Gummi- und Silikonwerkzeugen aus.

Im Laufe der Jahrzehnte entwickelt sich Eisenhuth zu einem wichtigen internationalen Zulieferer in verschiedenen Branchen, wie der Automobil- und der Lebensmittelindustrie sowie der Medizintechnik.

Als 1997 Dr. Thorsten Hickmann, der Sohn von Elisabeth Eisenhut, die nach dem Tod der Gründer 1960 die Firma erfolgreich geleitet hat, die Geschäftsführung übernimmt, wagt Eisenhut den Sprung in die Zukunft.

Mission Wasserstoff

2006 geht eine Fertigungsstraße für die Produktion von Bipolarplatten in Betrieb. Es ist der Einstieg in die Wasserstofftechnologie. Ab 2012 stellt Eisenhut Compounds her: speziell entwickelte Materialmischungen, die für Bipolarplatten in Brennstoffzellen verwendet werden. Als essenzielle Bauteile sind sie für die Leitfähigkeit, Stabilität und Effizienz der Energieumwandlung verantwortlich.

Ab 2022 ist bei Eisenhut endgültig klar: Unsere Mission ist Wasserstoff. Das Unternehmen konzentriert sich auf Lösungen für Brennstoffzellen, Elektrolyseure und Redox-Flow-Batterien.

Die Innovationskraft des Harzer Mittelständlers mit seinen über 70 Mitarbeitern überzeugt. Zwölf Innovationspreise werden gewonnen, unter denen besonders der Deutsche Nachhaltigkeitspreis von 2018 hervorsticht: Zusammen mit der TU Clausthal, der TU Braunschweig und dem KIT erhält Eisenhut den Preis für die Entwicklung einer Bio-Brennstoffzelle, mit der aus Abwässern Strom gewonnen werden kann.

Internationale Partnerschaft

2023 beginnt eine Partnerschaft, die mit einem neuen Namen einhergeht:

Aus Eisenhuth wird Whitecell Eisenhuth. Die Schweizer Whitecell Power AG, ein Technologieunternehmen, das sich auf nachhaltige Antriebssysteme spezialisiert hat, übernimmt Eisenhuth. Die Integration bei Whitecell Power bringt eine Neuausrichtung und Stärkung der Innovationskraft des Unternehmens mit sich. Whitecell Eisenhuth konzentriert sich nun stark auf die Herstellung von Komponenten für Brennstoffzellen und Elektrolyseure und setzt dabei auf innovative und patentierte Produktionstechnologien. Die Schwesterfirma Whitecell Systems in Dänemark verbaut dann die Komponenten in ihren Brennstoffzellen.

Wie gut die Region Harz in der Antriebstechnologie Wasserstoff aufgestellt ist, zeigt eine weitere Erwerbung von Whitecell: 2021 übernimmt die Schweizer Firma den Standort Clausthal-Zellerfeld von der Schaeffler AG. Das neue Unternehmen IFT Whitecell konzentriert sich auf die Entwicklung und Validierung von Lösungen im Bereich nachhaltige Mobilität wie Brennstoffzellen.

Das macht die Innovationskraft von Eisenhut aus:

Das Unternehmen kombiniert gekonnt seine langjährigen Erfahrungen aus Teileproduktion, Werkzeug- und Formenbau sowie Kunststofftechnik. Denn die optisch eher unscheinbar wirkenden Teile müssen nicht nur hochpräzise sein, sondern auch hochgradig elektrisch leitend und zudem extrem preiswert.

DIE KRAFT DER ELEMENTE

Geformt von Regen, Wind und Kälte.

DIE KRAFT DES WISSENS

Wenn Glas durch Säurebehandlung bruchfester wird.

trans-
parent
tough
touch

HIGHTECH-GLAS AUS DEM HARZ

Im Bund mit den Besten
Wer hinter der Windschutzscheibe eines Rolls-Royce sitzt, sieht die Welt womöglich durch ein Qualitätsprodukt aus dem Harz. Sicherheitsglas für Fahrzeuge, die gleichzeitig besonderen Design- und Qualitätsansprüchen gerecht werden müssen, ist eine der Spezialitäten von EuropTec in Goslar. Das Unternehmen ist einer der weltweit führenden Produzenten für maßgeschneiderte Lösungen aus hochwertigem Flachglas. Optisch anspruchsvolle Anwendungen, die höchste Klarheit und Präzision erfordern und gleichzeitig verschiedenste unsichtbare Funktionalitäten bieten, gehören zum Portfolio des Hidden Champion. Ebenso dienen Dünngläser mit entspiegelnden Beschichtungen als Designelement, mit dem die Funktionalität und Langlebigkeit elektronischer Displays und Bedienelemente nicht nur in Fahrzeugen verbessert werden. EuropTec blickt zurück auf Jahrzehnte der Glasbearbeitung und hat Know-how und Produktionsprozesse entwickelt, mit denen der traditionelle Werkstoff Glas für innovative Kundenprodukte angepasst wird, um ihn so immer wieder aufs Neue zu einem der modernsten Werkstoffe zu transformieren. EuropTec ist heute Teil der Glas Trösch Gruppe, einem schweizerischen Familienunternehmen und einem der größten europäischen Hersteller von Glasprodukten.

Eine Tradition für die Zukunft
Die Glasindustrie hat im Harz eine lange Geschichte, schließlich waren die erforderlichen Rohstoffe in der Region reichlich vorhanden. Zum Beispiel Quarzsand, ein zentraler Bestandteil der Glasherstellung. Die großen Wälder des Harzes dienten als Brennstoffquelle für die Holzfeueröfen, in denen früher das Glas geschmolzen wurde. Die zahlreichen Flüsse und Bäche des Harzes lieferten die notwendige Energie für den Betrieb von Wassermühlen, die in der Glasproduktion genutzt wurden. So entstanden bereits im Mittelalter im Harz Glashütten, die durch die Nähe zu den Rohstoffquellen und die abgeschiedene Lage begünstigt wurden. Im Laufe der Jahrhunderte entwickelte sich die Glasindustrie im Harz weiter, insbesondere in der Herstellung von technischem Glas und spezialisierten Produkten. Die Glasindustrie im Harz ist das Ergebnis einer Kombination aus natürlichen Ressourcen, Innovationskraft und starker unternehmerischer Präsenz. Eine Tradition, die den Harz heute zum zukunftsweisenden Standort für hochwertige Glasprodukte macht.

WO STUDIERENDE AUS ALLER WELT ZU HARZ-LIEBHABERN WERDEN

Weltoffener Ostharz
„Der Ostharz ist weltoffen – zu uns in den Harz kommen Touristen aus aller Welt und zunehmend auch ausländische Studierende – viele aus Indien, Pakistan und Bangladesch. Auch sie schätzen das familiäre Klima an der Hochschule mit enger Betreuung, innovativer Lehre und der schönen Umgebung. Viele von ihnen können sich vorstellen, in der Region zu bleiben und zu helfen, den durch die demografische Entwicklung entstandenen Mangel insbesondere an kompetenten IngenieurInnen und InformatikerInnen zu beheben. Und in jedem Fall sind sie tolle BotschafterInnen für die Hochschule und den Harz."

Was den Harz als Bildungsstandort so spannend macht
„Drei Bundesländer, drei Hochschulen: Was ein Hindernis sein könnte, ist bei uns im Harz eine Chance, die wir nutzen: Die TU Clausthal, die Hochschule Harz und die Hochschule Nordhausen beteiligen sich – auch gemeinsam – an Projekten, die nachhaltige und transformative Ansätze verfolgen, zum Beispiel in den Bereichen Recycling, Klimaanpassung, Existenzgründung und gesellschaftliche Entwicklung."

Symbol der Transformation
„Unsere Hochschule ist in vielerlei Hinsicht ein Symbol für Transformation. So befinden sich das Rektorat und Teile der Verwaltung in einer Villa, die 1900 von dem preußischen Rittmeister Detlev Honig als Familiensitz gebaut wurde. Seine Witwe Emmy verkaufte die Villa 1938 an Rudolf Artur Rautenbach, der sie umbaute und in erster Linie zu Repräsentationszwecken seines Unternehmens nutzte. Nach 1945 wurde die Villa erst als Erholungsheim für sowjetische Offiziere und ab 1949 als FDGB-Ferienheim ‚Georgi Dimitroff' genutzt. Nach der Wiedervereinigung wurde sie 1991 Teil der neu gegründeten Fachhochschule Harz."

Der Harz als Modellregion
„Der Harz hat Platz für Neues – und wir möchten diesen Raum aktiv mitgestalten. Als Hochschule legen wir die Grundlage für diese Veränderungen, indem wir Bildung, Forschung und gesellschaftliches Engagement verbinden und das Bewusstsein dafür schaffen, dass Veränderung möglich ist. Unsere Vision: Wir wollen den Harz als Modellregion für Transformation positionieren – sei es in Bezug auf Tourismus, Nachhaltigkeit oder Digitalisierung. Dabei spielt die enge Zusammenarbeit zwischen Hochschule, Unternehmen, Institutionen wie dem Nationalpark Harz und der Gesellschaft eine Schlüsselrolle. Und selbstverständlich sind unsere Studierenden GestalterInnen und MultiplikatorInnen dieser Transformation."

„Der Harz hat Platz für Neues – und wir möchten diesen Raum aktiv mitgestalten."

DER HOCHSCHULREKTOR
Obwohl in Wolfsburg aufgewachsen, ist Folker Roland ein überzeugter Harzer mit großer Vision für die Region. 1994 wurde er Professor für Betriebswirtschaftslehre der Hochschule Harz in Wernigerode. Im Mai 2016 übernahm er das Amt des Hochschulrektors.

KUNST TRIFFT WISSENSCHAFT
Im Jahr 2008 wird die Kunststiftung Karl Oppermann in der Hochschulbibliothek eingerichtet. Sie umfasst 16 zumeist großformatige Werke, die sich den drängenden Fragen unserer Zeit stellen.

WIE DER HARZ ZUM VIRTUELLEN ERLEBNIS WIRD

Die Faszination des Harzes lässt sich auf viele Arten erleben, auch digital. Etwa in den außergewöhnlichen Welten, die Jasmin Strnad und ihr Team vom Start-up UniGlow erschaffen. In ihren spielerischen 3-D-Anwendungen werden Harzer Highlights zum digitalen Erlebnisraum. Es sind Projekte, die neue Technologien innovativ nutzen und etwa Deutschlands größte Trinkwassertalsperre zu einem Ort ungeahnter Abenteuer machen.

Die Flucht aus der Talsperre

Für die Rappbodetalsperre hat UniGlow gemeinsam mit HarzGames ein Spielerlebnis in einer einzigartigen 3-D-Kulisse entwickelt. Die Story des Virtual-Reality-Spiels: Die Teilnehmer unterstützen das Vermessungsteam des Staudamms, doch ihre Tour nimmt eine unerwartete Wendung. Gefangen in einem Höhlensystem tief unter der Staumauer, kämpfen sie sich durch reißende Flüsse und Schluchten zurück an die Oberfläche. Was Harzdrenalin – ein Abenteuer- und Freizeitunternehmen, das für seine spektakulären Outdoor-Erlebnisse im Harz bekannt ist – in echt anbietet, können Besucher vor Ort auch per VR-Brille virtuell erleben, auch wenn sie sich das reale Erlebnis vielleicht nicht zutrauen.

Von der Hochschule Harz in die freie Wirtschaft

Der Ursprung von UniGlow liegt in einem Projekt an der Hochschule Harz: Strnad und ihr Team entwickelten ein Spiel, das sich mit Nachhaltigkeit auseinandersetzt, und erreichten damit 2018 den dritten Platz beim Deutschen Computerspielepreis. Heute verwandelt das kreative Kollektiv aus Gamifikation-Experten zum Beispiel Museen oder Zoos in interaktive Erlebnisräume.

Neben ihrer Arbeit bei UniGlow lehrt Strnad an der Hochschule Harz. Dort engagiert sie sich zudem im Gründerwald 4.0, einer zentralen Anlaufstelle für Neugründungen, für die sie Events organisiert, Beratung anbietet und ein Umfeld schafft, das Gründungen erleichtert.

An den multimedialen Schnittstellen

Professor Daniel Ackermann lehrt seit 2012 an der Hochschule Harz im Bereich multimediale Schnittstellen. Ackermann unterstützte Strnad und ihr Team bereits während ihrer Gründungsphase maßgeblich. Für beide ist der Harz nicht nur Heimat, sondern die ideale Region, um den Kontrast zwischen Tradition und moderner Technologie zu erforschen. Mit ihren kreativen Projekten machen sie den Wandel auch virtuell erlebbar.

Das kreative Kollektiv aus Gamifikation-Experten verwandelt zum Beispiel Museen oder Zoos in interaktive Erlebnisräume.

HSB
HARZER
SCHMALSPUR
BAHNEN
DIE GRÖSSTE UNTER DEN KLEINEN

DAMPFLOKWERKSTATT
HSB
DAMPFLOKWERKSTATT
< Haupteingang

99 7232-4

EIN SEHR LEBENDIGES DENKMAL

Ein malerisches Naturerlebnis und außergewöhnliche Technikgeschichte: Die Harzer Schmalspurbahnen (HSB) sind ein einzigartiges Harzer Highlight. Und ein Unternehmen, das sich trotz seiner historischen Lokomotiven auch technologisch weiterentwickelt.

Unter Dampf
Auf der Fahrt von Schierke hoch zum Brocken, über viele Kurven und durch dichte Wälder, gehört das Dampfen der Lok, die aus der Mitte des 20. Jahrhunderts stammt, mit zum Erlebnis. Die HSB ist eine der wenigen Bahnen weltweit, die noch regelmäßig Dampflokomotiven im Linienverkehr einsetzen. Die beeindruckenden Maschinen vermitteln den Reisenden ein Gefühl von vergangener Ingenieurskunst und industrieller Geschichte.

Auf schmaler Spur
Mit einer Streckenlänge von rund 140 Kilometern ist die HSB das größte noch betriebene Schmalspurnetz in Deutschland. Es verbindet Städte wie Wernigerode, Nordhausen und Quedlinburg und ist für viele Harzer ein ganz normales Verkehrsmittel. Mit einer Spurweite von einem Meter meistert die HSB auch enge Kurven und die steilen Anstiege des Harzes.

25 Dampflokomotiven,
10 Triebwagen,
12 Diesellokomotiven,
137 Wagen

Live in der Werkstatt
Am Standort Wernigerode gibt es eine alte Werkstatt von 1926, wo historische Teile und Technik vor Ort gewartet, instand gehalten und nachproduziert wird. Wer den Ingenieuren und Handwerksmeistern über die Schulter schauen will, kann das in der neuen Werkstatt tun, die sich ebenfalls in Wernigerode bef ndet: Von einer Empore aus haben Eisenbahnenthusiasten aus der ganzen Welt freien Blick in ein äußerst „lebendiges Museum".

Der Wirtschaftsfaktor
Die HSB sind nicht nur ein Verkehrsmittel, sondern vor allem auch eine der Touristenattraktionen der Region. Finanziert aus den Mitteln des öffentlichen Personennahverkehrs, profitieren vor allem Hotelgewerbe, Gastronomie, der Nationalpark und viele weitere touristische Anbieter im Harz von der Anziehungskraft der Schmalspurbahnen. Die HSB selbst sind zudem größter Arbeitgeber in Wernigerode.

Neue Antriebskraft
Auch wenn die HSB bereits etliche Dieselloks im Betrieb haben, die nicht nur bei Waldbrandgefahr zum Einsatz kommen, liegt der Fokus noch immer auf den mit Kohle betriebenen Dampfloks. Doch mit dem Rückgang der Kohleförderung steht die HSB vor der Herausforderung, ihre Dampflokomotiven langfristig durch alternative Antriebskräfte zu ersetzen, etwa mit Elektrobatterie oder Wasserstoff. Die Entscheidung für einen Antrieb hängt von Streckenlänge, technischer Infrastruktur und betrieblichen Anforderungen ab. Das Ziel: eine nachhaltige, umweltfreundliche und wirtschaftlich sinnvolle Lösung, mit der die HSB weiterhin das besondere Harzerlebnis bieten können.

Erlebbare historische Technik: von der Mallet-Gelenklok aus dem Jahr 1897 bis zu den stärksten Schmalspurdampflokomotiven Europas aus den Jahren 1955 und 1956.

Unterstützung für ein starkes Team
Geschäftsführerin Katrin Müller kommt aus der Region und ist seit 2008 bei den HSB. Seit 2023 leitet sie das Unternehmen. Neben der Umstellung der Dampfloks auf andere Brennstoffe treibt sie eine Herausforderung besonders um: der Fachkräftemangel in der Region. Müller und ihre Kollegen suchen für die HSB Auszubildende und Mitarbeitende für die verschiedenen Bereiche des Unternehmens: von Gleisbauern über Dampflokheizer und Ingenieure für Sicherungstechnik bis zu Zugschaffnern und Zugführern. Denn nur mit einem starken Team bleiben die HSB weiterhin auf Spur.

20t
NEUERO
skop-Lader 2,5 t

KULTUR

Außen Tradition, innen Zukunft

Fachwerkidyll und Burgen, Hexen und Bergbaurelikte: Neben gelebten Klischees und bekannten Attraktionen entwickeln sich vielerorts neue Ideen, die über den Harz hinaus Menschen anziehen. Von international beachteten Ausstellungen und Konzerten über innovative Hotel- und Freizeitkonzepte bis hin zu kreativen Aufbrüchen digitaler Natur: Die Harzer bewahren ihre Tradition und entwickeln zugleich Neues.

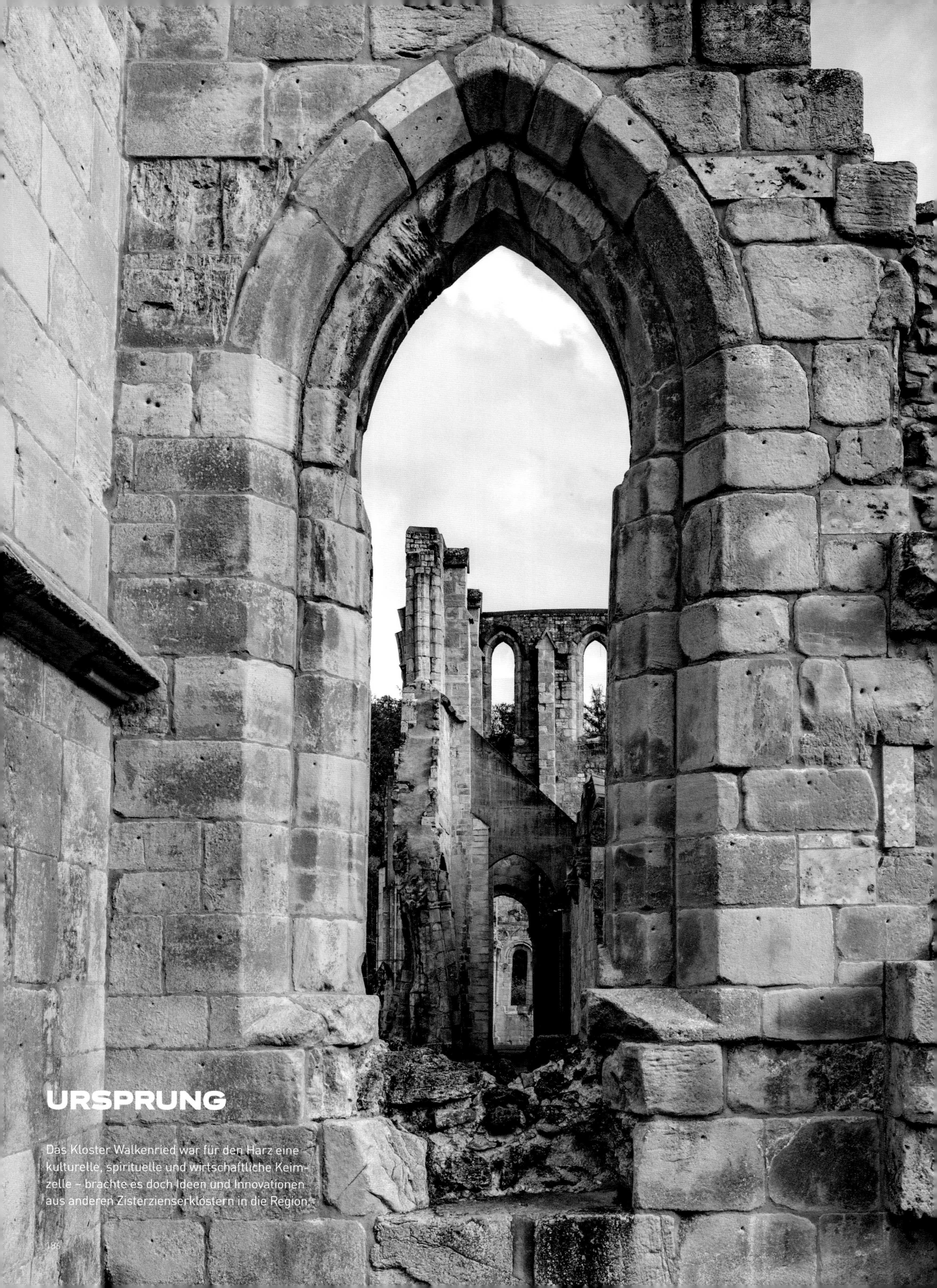

URSPRUNG

Das Kloster Walkenried war für den Harz eine kulturelle, spirituelle und wirtschaftliche Keimzelle – brachte es doch Ideen und Innovationen aus anderen Zisterzienserklöstern in die Region.

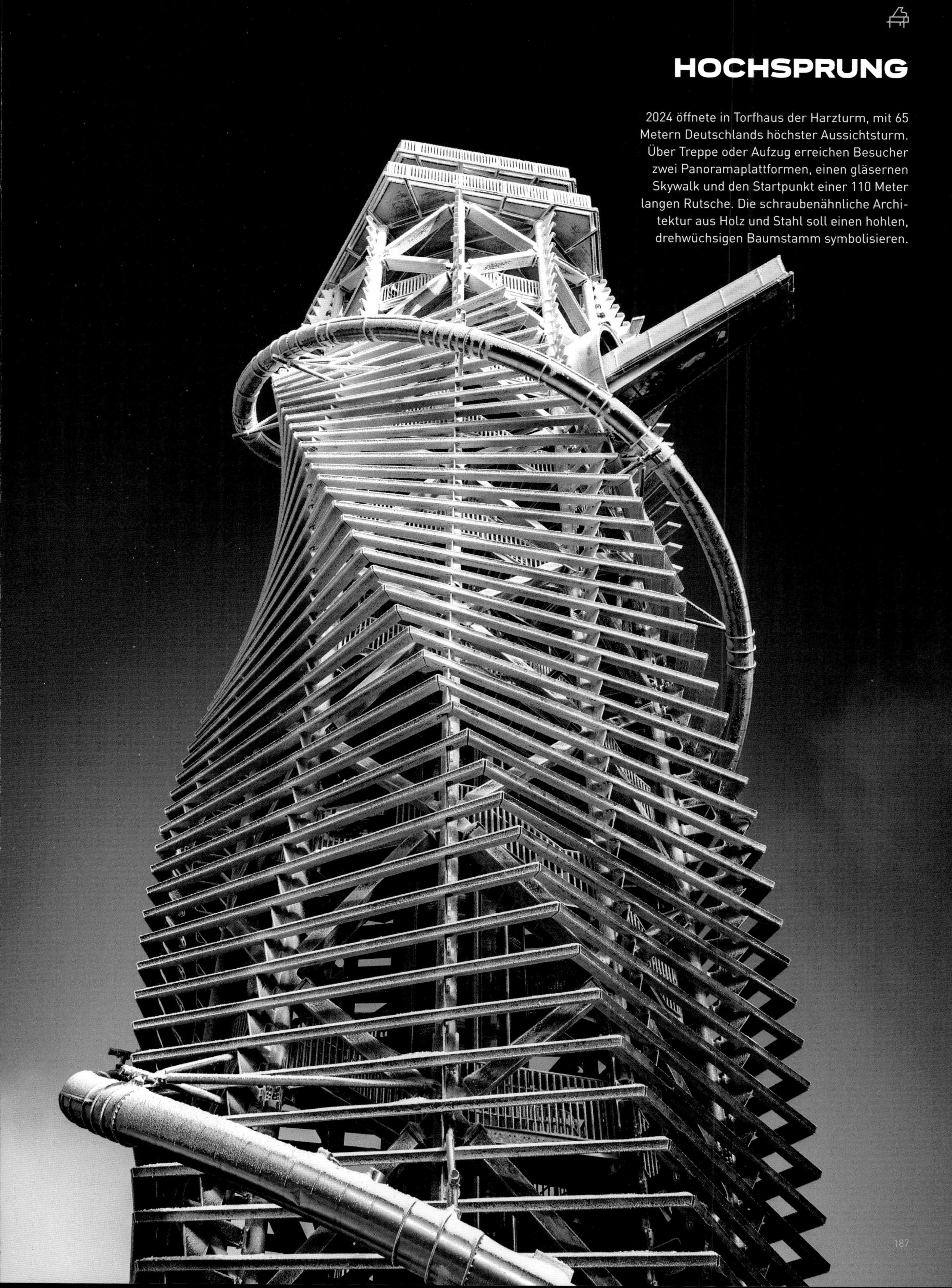

HOCHSPRUNG

2024 öffnete in Torfhaus der Harzturm, mit 65 Metern Deutschlands höchster Aussichtsturm. Über Treppe oder Aufzug erreichen Besucher zwei Panoramaplattformen, einen gläsernen Skywalk und den Startpunkt einer 110 Meter langen Rutsche. Die schraubenähnliche Architektur aus Holz und Stahl soll einen hohlen, drehwüchsigen Baumstamm symbolisieren.

HANDARBEIT

Auf vielen Dächern und auch Fassaden im Harz findet sich Naturschiefer.

MODULAR

Regelmäßiger im Anblick und schneller hergestellt ist die zeitgenössische Variante.

FÜR EWIG

Der ehemalige weitläufige Ratskeller unter dem Goslarer Rathaus, in dem sich das Welterbezentrum befindet.

FÜR BESUCHER

Der illuminierte Eingang zum Welteerbezentrum, das Besucher auch durch interaktive Elemente in die Geschichte eintauchen lässt.

ERHALTEN

Der Eingang eines ehemaligen Privathauses, das heute zur Hochschule Harz in Wernigerode gehört.

VERÄNDERT

Der Eingang zur Bibliothek der Hochschule. Die Bibliothek war früher eine Papierfabrik.

DAS SIEMENSHAUS
Das von der Familie Siemens errichtete Wohn- und Geschäftshaus in Goslar ist mit seinen kunstvollen Schnitzereien ein eindrucksvolles Beispiel für die Architektur des späten 17. Jahrhunderts. Es diente über Generationen als Stammsitz der Familie, die lange im Harzer Bergbau tätig war, bevor spätere Generationen in die Elektrotechnik einstiegen und Werner von Siemens die Siemens AG gründete.

DIE HERAUS-FORDERER

SPEZIAL FAKTOR

Fachwerkhäuser, historische Altstädte, Burgen und Schlösser sowie die Baudenkmäler des Bergbaus bestimmen das Erscheinungsbild der Region. Sie sind Ausdruck von Traditionen und sichtbarstes Zeugnis der reichen Geschichte des Harzes. Und davon, dass sich in der mehr als 1000-jährigen Geschichte gesellschaftliche Vorstellungen und Technologien immer wieder gewandelt haben. Von der Romantik über Gotik und Renaissance bis zum Barock, vom Historismus bis zum Jugendstil: Jede Epoche hat ihre Spuren im Harz hinterlassen. Für die Menschen ist das allgegenwärtige architektonische Erbe auch eine Herausforderung, die Fragen aufwirft: Wie soll die Zukunft der Region aussehen? Was soll bleiben, was sich verändern, wenn so vieles im wahrsten Sinne in Stein gemeißelt scheint?

Das Besondere: Die Menschen im Harz finden die Balance. Sie bewahren und schützen Bewährtes und brechen zugleich ins Neue auf. Mit Mut, Kreativität und Gemeinsinn wird die Schönheit historischer Gebäude mit einer Vielfalt neuer Ideen gefüllt. Aus Stolz auf die eigene Heimat.

DAS NEUE ATRIUM
Die filigrane, verglaste Stahlkonstruktion verleiht dem Rathaus ein zeitgenössisches Gesicht.

Tourist-Information
Welterbe-Infozentrum
TOURIST

RESTAURIERTE MACHT
Die um das Jahr 1.040 erbaute Kaiserpfalz Goslar diente über Jahrhunderte als Residenz für deutsche Kaiser und Könige und war ein politisches Zentrum des Heiligen Römischen Reiches. Die Silbervorkommen des Rammelsbergs trugen zur wichtigen Rolle der Kaiserpfalz bei. Heute ist sie ein UNESCO-Weltkulturerbe und eine bedeutende Touristenattraktion.

KULTUR IM WANDEL

Die reiche Vergangenheit

Wer im Harz nach dem Gestern sucht, findet Beeindruckendes. In den Weltkulturerbestätten Rammelsberg oder der Grube Samson erzählen tiefe Gruben, Wasserräder und andere Relikte von einer Arbeitswelt, die die Alltagskultur der Menschen im Harz auch außerhalb der Bergwerke prägte. Aus den Harzer Landschaften mit ihren geheimnisvollen Wäldern, Schluchten und Felsen entsprangen einst fantastische Mythen und Sagen, deren Faszination noch heute Besucher erliegen. Und sei es nur in der Walpurgisnacht am alten Hexentanzplatz in Thale. Städte wie Wernigerode, Goslar und Quedlinburg sind geprägt von reicher Handwerkskunst und pittoreskem Fachwerk. Die geschichtsträchtige, fast aus der Zeit gefallene heimatliche Atmosphäre dieser Orte zieht jedes Jahr unzählige Touristen an. Und doch ist der Harz viel mehr als die bekannten Klischees.

Frischer Geist in alten Mauern

Denn was von außen nach unveränderlicher Tradition aussieht, ist im Inneren oft schon längst im Morgen angekommen. Im Museum Mönchehaus in Goslar etwa, wo außen das Fachwerk regiert und innen international angesehene moderne Kunst. Im Schloss Blankenburg, dem liebevoll restaurierten Welfenschloss, regieren keine Fürsten mehr, sondern Organisationen, welche die Zukunft der Region und darüber hinaus nachhaltig klimafreundlich machen. Mag in jedem Ort im Harz eine Bergmannskapelle zu Hause sein, längst ist die Region auch geprägt von Veranstaltungen wie dem HarzClassix Festival, bei dem immer wieder Künstler von Weltrang auftreten

Ausdruck einer modernen Identität

Wenn der Tourismus etwas darüber erzählt, wie eine Region sich wirklich fühlt und wie sie von Besuchern wahrgenommen werden will, dann sprechen die neuen Angebote im Harz eine eindeutige Sprache. Das innovative Hearts-Hotel etwa geht neue Wege: Anspruchsvoll, weltoffen und zugleich regional verwurzelt, erschließt es dem Harz neue Besuchergruppen, die ihrer digitalen Arbeit inmitten der Natur nachgehen wollen. Nicht zuletzt sorgt eine junge Generation von Harzer Kreativen für das neue Harzer Wirgefühl. Agenturen wie Harzkind und Polyluchs mit ihrer Plattform Harzfeeling brechen mit Harzklischees und zeigen, was die Region und ihre Menschen heute wirklich ausmacht: Heimatverbundenheit im Einklang mit Experimentierfreude und der Lust auf Neues.

IN DEN SANDSTEIN gehauen wurden die Höhlen der Burg Regenstein. Sie dienten als Wohn- und Lagerräume, Verteidigungsanlagen oder Werkstätten.

Von Felsen und Hexen

Der Harz, das sind nicht nur Wälder und Moore, sondern auch Felsen, die oft auch mit Sagen und Legenden verbunden werden. Die Teufelsmauer bei Thale etwa, eine bizarr geformte Sandsteinformation, die sich über mehrere Kilometer erstreckt. Einer Sage nach wollte hier der Teufel eine Mauer zwischen Himmel und Erde errichten.

Die kulturelle Keimzelle

Eine der eindrucksvollsten Ruinen ihrer Art in Deutschland: Das 1127 gegründete Zisterzienserkloster Walkenried prägte die wirtschaftliche und kulturelle Entwicklung der Region vor allem im 13. Jahrhundert. Das Kloster war nicht nur ein religiöses Zentrum, sondern auch ein wirtschaftlicher und technologischer Motor der Region: Die Zisterzienser erschlossen und verwalteten große Landflächen, entwickelten neue Methoden für Landwirtschaft, Fischzucht und Forstwirtschaft und trugen maßgeblich zur Oberharzer Wasserwirtschaft bei, dem ausgeklügelten System aus Gräben, Teichen und Stollen, das die Wasserkraft für den Bergbau nutzbar machte. Mit ihrem fortschrittlichen Wissen hinterließen die Zisterzienser im Harz ein reiches Erbe, das bis heute sichtbar ist. Die Klosteranlage ist heute eine der besterhaltenen mittelalterlichen Ruinen Norddeutschlands und beherbergt das Zisterzienser-Museum Kloster Walkenried. Es zeigt das Leben der Mönche, ihre Arbeit im Bergbau und ihre kulturellen Errungenschaften. Eine Vielfalt an Kulturveranstaltungen und Konzerten macht das Kloster zu einem beliebten Ausflugsziel.

Omnipräsente Vergangenheit
Der Harz gehört zu den Regionen mit der höchsten Dichte an Fachwerkhäusern in Deutschland. Städte wie Quedlinburg, Wernigerode und Goslar sind bekannt für ihre historischen Altstadtkerne mit teils über 1.000 Jahre alten Gebäuden. In Quedlinburg gibt es über 1.300 denkmalgeschützte Fachwerkhäuser, einige stammen aus dem 13. Jahrhundert.

NEUE KUNST IN DER ALTSTADT
Im Mönchehaus offenbart sich hinter alten Mauern Kunst von Weltrang.

EIN PARKHAUS
in Wernigerode, das auf die Tradition in seinem Umfeld reagiert.

VON DER FABRIK ZUR BIBLIOTHEK
Auf dem Gelände der ehemaligen Papierfabrik entstand das neue Zentralgebäude der Hochschule Harz. Der zweigeschossige Neubau entspricht der Struktur der abgebrochenen Fabrik. Vor allem die lichte, zweigeschossige Bibliothek mit ihren 100.000 Bänden prägt das Gebäude.

GESCHICHTE HAUTNAH ERLEBEN

KUNSTRAD-FÖRDERUNG
Eine besondere Technik der Grube Samson, bei der Erz und Material mit speziellen Förderkörben transportiert wurden.

Der Brückenbauer
Raus aus dem Job, zurück in den Harz: Christian Barsch, der in Göttingen Forstwirtschaft studiert und danach in der Entwicklungsarbeit internationale Erfahrungen gesammelt hat, leitet eine große Firma in Hannover, als er sich entscheidet, auszusteigen. Barsch, der Mann aus Braunlage, will sich wieder ganz seiner Heimat, dem Harz, widmen. 2017 übernimmt er zusammen mit dem ehemaligen Bürgermeister von St. Andreasberg, Hans-Günter Schärf, die Leitung der Grube Samson. Verantwortlich für Bildung, Marketing und Vernetzung, entwickelt er seitdem das Weltkulturerbe engagiert weiter. Indem er Menschen und Institutionen der Region zusammenbringt, Partner aus Stadt, Verwaltung, Politik, Stiftungen, Denkmalschutz und viele weitere Unterstützer.

Der Erzähler
Für Barsch ist die Grube Samson kein Museum, sondern ein lebendiger Ort, der allen Menschen gehört und dessen universelle Bedeutung er vermitteln will. Indem er Geschichten erzählt. Von den Menschen, die einst von und mit dem Bergbau lebten. Von ihrer harten Arbeit unter Tage, den Entbehrungen in kalten Wintern. Oder von der Angst als ständigem Begleiter. Befürchteten die Bergleute doch, in der Tiefe vielleicht sogar dem Teufel zu begegnen. Mit unterhaltsamer und interaktiver Didaktik steht Barsch für ein anspruchsvolles, aber entspanntes Erleben, bei dem Besucher etwa die Werte der jahrhundertealten Kultur der Bergleute mit denen heutiger Lebenswelten vergleichen können. Seit 2011 wurde Barsch für seine Erlebnisführungen im Weltkulturerbe Oberharzer Wasserwirtschaft bereits mehrfach ausgezeichnet.

SAMSON

FAHRKUNST

In der Grube Samson gibt es die weltweit einzige noch betriebsbereite Fahrkunst, ein mechanisches Hebesystem, das den Bergleuten den Auf- und Abstieg in die tiefen Bergwerke erleichterte. Erstmals wird die im Harz erfundene Fahrkunst 1833 in einem Bergwerk in Clausthal-Zellerfeld installiert.

Grube Samson
In dem einzig vollständig erhaltenen Bergwerk des Oberharzer Erzbergbaus wurde einst Silbererz mit einem Reinheitsgrad von bis zu 98 Prozent abgebaut. Heute ist die Grube Samson eines der bedeutendsten Montandenkmäler Europas. Seit 2010 gehört die Grube Samson als Teil der Oberharzer Wasserwirtschaft zum UNESCO-Welterbe Bergwerk Rammelsberg, Altstadt von Goslar und Oberharzer Wasserwirtschaft. Sie erzählt die Kultur- und Naturgeschichte des Harzes, beispielhaft für die Entwicklung des Menschen vom Mittelalter bis in die Neuzeit. Wie relevant die Grube noch immer ist, zeigen die zwei Turbinen im Samson-Schacht, die bis heute rund 80 Prozent des Strombedarfs von St. Andreasberg decken – ein frühes Beispiel nachhaltiger Energiegewinnung.

„Es geht nicht darum, zu verwalten, sondern diesen Ort in die Zukunft zu führen."

Der Zukunftsgestalter
Barsch will das historische Bergwerksensemble sichern und zukunftsfähig gestalten. Dafür wirbt er mit großem Einsatz und engagierten Mitstreitern finanzielle Mittel ein. Unter anderem auch für die sogenannte „Silver Hall", ein modernes Welcome-Center, das in seiner Erscheinung an den historischen Silberbergbau erinnern soll. Verkleidet mit Solarpanelen auf dem Dach, einer silbernen Innengestaltung und geheizt mit eigener Energie aus den Tiefen des Berges, soll das Gebäude die Verbindung von Vergangenheit und Zukunft symbolisieren.

DIE HEIMAT-RETTER

Die bedrohte Identität
Andre Gast war längere Zeit nicht mehr in seinem Heimatort, als er 2004 vor dem Großen Schloss Blankenburg steht. Der Anblick erschüttert ihn. Das größte noch erhaltene Welfenschloss, das seit 1991 nicht mehr genutzt wird und einem Investor aus München gehört, ist in einem desaströsen Zustand. Gast weiß, dass bereits drei Vereine vergeblich versucht haben, das Schloss zu retten. Er und seine ersten Mitstreiter Michael Noll und Dr. Falk Götz wagen es dennoch: Sie gründen 2005 den Verein „Rettung Schloss Blankenburg e.V.". Weil sie es nicht akzeptieren können, dass vor ihren Augen ein Stück Heimat verloren geht. Alle Beteiligten ahnen: Dieses Mal muss es mit der Rettung klappen, sonst wird das Schloss endgültig zur Ruine werden.

Die Stadt Blankenburg unterstützt den Verein von Anfang an, der schnell an die 300 Mitglieder gewinnt. In der Stadt und in der Region identifiziert man sich mit dem Großen Schloss. Doch nicht wenige in der Bevölkerung zweifeln, ob der Erhalt gelingen wird.

„Jeder Erfolg beginnt mit der Entscheidung, es zu versuchen."

Die Mammutaufgabe
Der Investitionsbedarf zum Erhalt des Schlosses geht in die Millionen. Im Verein ist man sich im Klaren, dass der Verein selbst zum Eigentümer des Schlosses werden muss. Denn nur dann würden Förderer bereit sein, zu investieren. Die Gelegenheit kommt: Nachdem Gläubiger eine Zwangsversteigerung einklagen, kauft der Verein mit Unterstützung des Landes Sachsen-Anhalt das Schloss für circa 300.000 Euro. Gast und seine Mitstreiter gründen 2008 zudem die Großes Schloss Blankenburg GmbH, eine 100-prozentige Tochter des Vereins, um die Risiken besser einzugrenzen.

Die große Aufgabe ist es nun, permanent Fördermittel einzutreiben. Gast hat über seine Arbeit in Braunschweig viele hilfreiche Kontakte. Dazu gehören auch der frühere niedersächsische Ministerpräsident Ernst Albrecht und Professor Gerd Biegel, der Direktor des Braunschweigischen Landesmuseums, der Präsident des Vereins wird. Oft plagen Gast schlaflose Nächte. Doch die Arbeit des Vereins trägt Früchte: Es werden immer wieder finanzstarke Unterstützer gewonnen, die auf das Konzept des Vereins vertrauen. Pro Jahr können so ein bis zwei Millionen Euro verbaut werden.

ANDRE GAST
André Gast ist als Mitgründer im Vorstand des Vereins „Rettung Schloss Blankenburg e.V." und ehrenamtlicher Geschäftsführer der Großes Schloss Blankenburg GmbH. Er spielt eine führende Rolle bei der Koordination und Förderung der Sanierungsprojekte.

SCHLOSS BLANKENBURG

Das Wahrzeichen der Stadt Blankenburg hat eine über 900-jährige Geschichte. Der barocke Schlossbau entstand Anfang des 18. Jahrhunderts und ist bis heute weitgehend erhalten.

Die Öffnung

Gast nutzt seine Erfahrung als Produktionsleiter, um gut strukturiert an die Rettung des Schlosses zu gehen und die Menschen dabei mitzunehmen. Seit den ersten Sicherungsarbeiten 2004 geht es Schritt für Schritt vorwärts. Die meisten Flügel des Schlosses werden wieder zugänglich gemacht. Ein Höhepunkt ist die Sanierung des Daches für die vier Hauptflügel.

Neben dem Erhalt will der Verein das Schloss für die Gesellschaft öffnen. Mit der Übergabe des fertigen Theatergebäudes und des Neuen Flügels ist es 2011 erstmals möglich, Räume für größere Events anzubieten. Heute finden im Großen Schloss Blankenburg Ausstellungen, Lesungen und Konzerte statt, etwa die Rock- und Popnacht im September, die Schlossweihnacht und das Silvesterkonzert. Der Graue Saal im Neuen Flügel ist eine Außenstelle des Blankenburger Standesamtes. Der Theatersaal und die sich anschließende Terrasse werden für Hochzeitsfeierlichkeiten vermietet.

Das grüne Schloss

Gast ist es wichtig, eine neue Generation zu gewinnen, die neue Nutzungsformen ausprobiert. 2023 ziehen in das sogenannte Verwalterhaus, in dem Schlossverein und Schloss GmbH ihren Sitz haben, die Future Forest Initiative ein sowie die Stiftung Umwelt-, Natur- und Klimaschutz des Landes Sachsen-Anhalt (SUNK), die den umliegenden Naturerbewald betreut. Die Future Forest Initiative veranstaltet Tagungen und weitere internationale Events im gesamten Schloss. Zusätzlich verlegt das Waldinstitut des NABU im Frühjahr 2024 sein Waldinstitut in die Räumlichkeiten des Schlosses. Gast freut sich über die neuen Nutzer, die ein Ziel vereint: der nachhaltige Schutz der Natur. So bedeutet für die Stadt Blankenburg das Schloss Vergangenheit und Zukunft zugleich.

Ein Erfolg des Miteinanders

Gast ist bewusst, dass der Verein nur so erfolgreich ist, weil die Mitglieder an die gemeinsame Sache glauben. Dafür fühlt sich der Blankenburger von Anfang an mitverantwortlich. Vereinsleben, das bedeutet für Gast, miteinander etwas zu schaffen, was man nicht alleine kann. Wie die von den Vereinsmitgliedern jedes Jahr ehrenamtlich organisierte Schlossweihnacht. Der Erfolg des Vereins ist für ihn und viele andere der beste Beweis, was sich mit Eigeninitiative und Engagement bewegen lässt.

Für seine Leistungen erhielt der Verein 2010 den Adolf-Just-Preis, 2014 den Deutschen Preis für Denkmalschutz in Form einer Silbernen Halbkugel und 2023 den Denkmalpreis des Landes Sachsen-Anhalt.

FUTURE FOREST FORUM 2024

Im NatureLink Pavilion kommen Waldbesitzer, Projektentwickler, Start-ups und Unternehmen zusammen, um eine nachhaltige und lebenswerte Zukunft zu gestalten.

MEHR ALS EIN MUSEUM

Außen Fachwerk, innen Kunst
Für viele Touristen gehört in Goslar der Besuch des Mönchehauses nicht unbedingt zum Standardprogramm. Für Kunstinteressierte weit über die Region hinaus aber hat sich das Museum für moderne und zeitgenössische Kunst längst zu einem Anziehungspunkt von internationalem Renommee entwickelt. 2006 übernahm Dr. Bettina Ruhrberg als Direktorin die Leitung des Goslarer Mönchehauses. Aus der Kunstmetropole Düsseldorf in den Harz kommend, erweiterte die erfahrene Kunsthistorikerin das Profil des Museums Schritt für Schritt. So wie sich die historische Architektur des Mönchehauses mit modernen Erweiterungen verbindet, so hat Ruhrberg die Traditionen des Museums erneuert und ergänzt. Mit der Öffnung zu neuen, gesellschaftlich relevanten Themen, mit mehr Diversität bei Künstlerinnen und Künstlern sowie Ausstellungen mit mehr Diskurs und Austausch für breite Bevölkerungskreise.

Große Namen, große Themen
Ruhrberg trat mit der Mission an, zeitgenössische Kunst von Weltrang in den Harz zu bringen. Durch die Vergabe des Kaiserrings, einer Auszeichnung, mit der die Stadt Goslar seit 1975 jedes Jahr einen international renommierten Gegenwartskünstler ehrt, konnte sie mit Preisträgerinnen und Preisträgern wie Olafur Eliasson, Wolfgang Tillmanns, Barbara Kruger oder Isaac Julien hochkarätige Ausstellungen realisieren. Unter Ruhrberg öffnete sich das Mönchehaus zudem immer häufiger für außereuropäische Positionen wie afrikanische und chinesische Kunst. Themen wie Globalisierung, Ökologie und interkultureller Dialog rücken seither vermehrt in den Fokus. Das Mönchehaus ist zu einem Ort geworden, an dem Kunst gesellschaftliche Entwicklungen abbildet und der öffentliche Diskurs darüber Raum findet. Eines ihrer Ziele hat Ruhrberg damit erreicht: Das Haus hat über den Kaiserring hinaus an Profil gewonnen.

AUSSEN ALT, INNEN NEU
Das Museum ist in einem historischen Fachwerkhaus aus dem 16. Jahrhundert untergebracht. Ruhrberg nutzt dieses Ambiente, um moderne Kunst mit dem kulturellen Erbe Goslars in Dialog zu bringen.

Ein Ort der Begegnung

Mit neuen Veranstaltungsreihen wie „Kunst am Mittag", partizipativen Workshops und einem Fokus auf Interaktion und kultureller Vielfalt spricht Ruhrberg ein breiteres Publikum an und begeistert auch Menschen für Kunst, die sich bisher weniger damit auseinandersetzten. Ruhrbergs Anspruch ist es, durch die verstärkte Zusammenarbeit verschiedener Kulturträger die gesamte kulturelle Landschaft der Region zu beleben. Das Mönchehaus Museum ist für sie nur einer von zahlreichen kulturellen Schätzen im Harz, die überregional noch nicht so wahrgenommen werden, wie sie es verdienten. Mit ihrem offenen, dialogorientierten Ansatz strahlt zumindest das Mönchehaus Museum Goslar bereits weit über die Region hinaus.

„Die Region ist sehr viel reicher, als ich dachte, wird aber traditionell als Kulturregion noch nicht so promotet wie etwa das Rheinland und speziell Düsseldorf oder Köln."

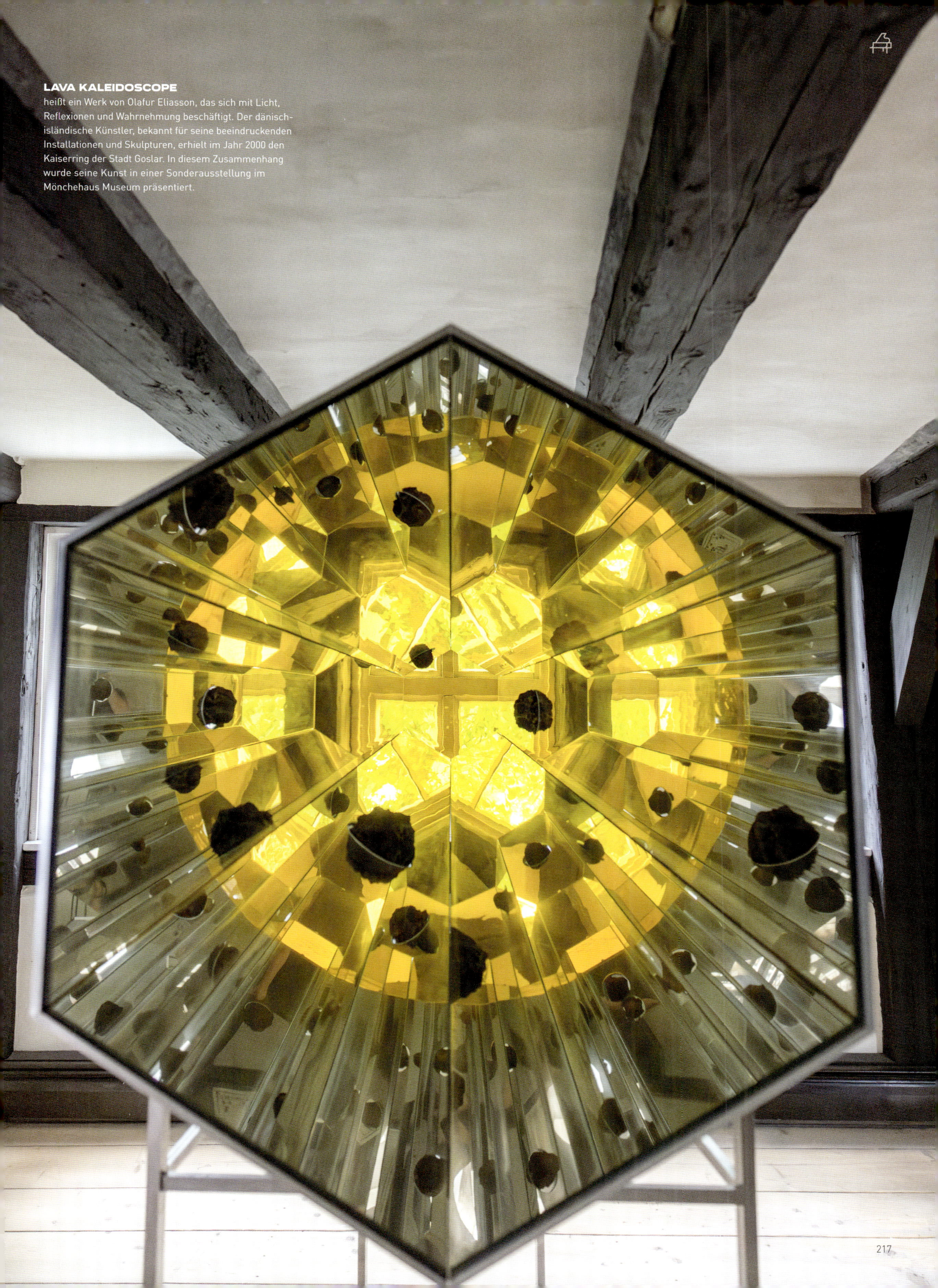

LAVA KALEIDOSCOPE
heißt ein Werk von Olafur Eliasson, das sich mit Licht, Reflexionen und Wahrnehmung beschäftigt. Der dänisch-isländische Künstler, bekannt für seine beeindruckenden Installationen und Skulpturen, erhielt im Jahr 2000 den Kaiserring der Stadt Goslar. In diesem Zusammenhang wurde seine Kunst in einer Sonderausstellung im Mönchehaus Museum präsentiert.

DER KLAVIER-REVOLUTIONÄR

Heinrich Engelhard Steinweg wurde 1797 in Wolfshagen im Harz geboren. 1850 wanderte der Orgel- und Instrumentenbauer in die USA aus, wo er unter dem Namen Steinway den Klavierbau revolutionierte. Der Steinway-Flügel gehört bis heute zum Standard großer Konzertsäle und ist das bevorzugte Instrument vieler Pianisten.

HOCHKARÄTIGE KLASSIK AN BESONDEREN ORTEN

Ein Festival für alle
Dass sich Musik von Weltklasse sehr gut in den Harz holen lässt, beweist seit 2013 jedes Jahr das HarzClassixFestival, das durch hochkarätige Ensembles und Solisten, einzigartige Veranstaltungsorte und ein Engagement für kulturelle Bildung besticht.

Erster Spielort war das Pulverhaus der Firma Sympatec, das damals noch Braunschweig Classix Festival hieß. Erst nach Übernahme und Entwicklung der Marke HarzClassixFestival in 2013 wurden weitere Spielorte hinzugenommen. Das Eröffnungskonzert im sinfonischen Rahmen und mit großen Orchestern findet traditionell im September in der Marktkirche statt. Das „Brückenkonzert" ist typischerweise im Oktober zu Gast in der Jugenstil-Aula der TU Clausthal und bedient häufig den Cross-Over-Charakter mit ausgefallenen Konzerten von chinesischer Oper bis hin zu alpenländischer und populärer Musik. Damit wird das jüngere und akademische Publikum angesprochen.

Das intimste Konzert mit kleinen Ensembles oder Solisten, die man hautnah erleben kann, findet in der dichten Atmosphäre des Pulverhauses im November statt. Weltstars wie Mischa Maisky (Cello), Igor Levit (Piano), Al di Meola (Gitarre), David Hope (Violine), Olga Scheps (Piano), Sabine Meyer (Klarinette), Albrecht Mayer (Oboe), Martin Grubinger (Percussion), Arcadi Volodos (Piano), die Regensburger Domspatzen oder auch die legendären Kings Singers geben sich hier in Clausthal die Klinke in die Hand und freuen sich über den besonderen Charakter des Festivals und die persönliche Betreuung. Abgerundet wird das Festival durch Schülerkonzerte, Konzertreisen, Werkstattkonzerte, um Klassik aus den verschiedensten Blickwinkeln zu erleben.

Die Macher
Das HarzClassixFestival entstand aus der Tradition des früheren Braunschweig Classix Festivals, das von 1988 bis 2012 stattfand. Dr. Stephan Röthele, Geschäftsführer der Sympatec GmbH in Clausthal-Zellerfeld, war einer der Mitbegründer und Hauptinitiatoren des HarzClassixFestivals. Gemeinsam mit Ulrich Windaus und Hans-Christian Wille rief er das Festival 2013 ins Leben, um klassische Musik auf höchstem Niveau in die Region zu bringen und insbesondere jungen Menschen den Zugang zu dieser Musikkultur zu ermöglichen. Seine Sympatec GmbH unterstützt das Festival aktiv, unter anderem durch die Bereitstellung des Pulverhauses als Veranstaltungsort für Abschlusskonzerte.

IM PULVERHAUS VON SYMPATEC
Ein Spielort mit besonderer Atmosphäre

DIE MARKTKIRCHE ist Deutschlands größte Holzkirche und bietet Platz für über 2.000 Menschen.

DER KUPPEL-SAAL DER AULA ACADEMICA
Das HarzClassixFestival findet an besonderen Orten statt, wie die Aula Academica der TU Clausthal, die Spätexpressionismus mit Elementen des Bauhauses und Art déco verbindet.

Hier spielt die Musik

Die 1642 eröffnete Marktkirche zum Heiligen Geist prägt das Stadtbild von Clausthal-Zellerfeld und beeindruckt durch ihre Architektur im norddeutschen Barockstil. Besonders bemerkenswert ist ihre hölzerne Bauweise: Die Kirche besteht vollständig aus lokalem Fichtenholz und zeigt die handwerklichen Fähigkeiten der damaligen Zeit. Sie wurde mehrfach erweitert und restauriert, zuletzt um die Jahrtausendwende. Die Decke ist flach und tonnenförmig, die Innenausstattung schlicht und protestantisch, wobei Orgel, Kanzel und Taufbecken von kunstvollen barocken Schnitzereien geprägt sind.

Die Kirche spielt eine wichtige Rolle in der kulturellen Landschaft des Harzes und dient nicht nur als religiöses Zentrum, sondern auch als architektonisches und historisches Denkmal. So wurden ihre Glocken früher als Signal für Bergleute genutzt. Restaurierungsarbeiten haben dazu beigetragen, ihre Schönheit und Stabilität über die Jahrhunderte hinweg zu bewahren.

Klangvoll

Die Orgel der Marktkirche hat eine bewegte Geschichte. 1758/59 erstmals gebaut, ist das prächtige Orgelgehäuse aus dieser Zeit noch erhalten geblieben. 1888 wurde das alte Orgelwerk durch einen Neubau ersetzt. 1957–1960 erfolgte ein Umbau unter Verwendung des alten Pfeifenwerks. 1975–1976 baute Paul Ott eine neue Orgel mit 43 Registern. Im Jahr 2021 konnte durch eine Vielzahl von Spendern, Stiftern und Förderern die Marktkirche mit der Goll-Orgel mit 5.643 Pfeifen ausgestattet werden. Dieses beeindruckende Juwel begeistert seitdem durch seinen faszinierenden Klang die Besucher nicht nur beim HarzClassixFestival.

DEO ET
PROXIMO
APOTHEKE
12
350
Notdienstplan
HIER GIBT
PAYBACK

EINE APOTHEKE FÜR DEN BERGBAU

Die Gesundheit und Arbeitsfähigkeit der Bergleute sicherzustellen, gehörte seit der Entstehung der Oberharzer Bergstädte zu den Aufgaben der Landesherren. In Zellerfeld gab es seit 1576 die erste Bergapotheke des Oberharzes. Sie fiel jedoch dem großen Stadtbrand von 1672 zum Opfer. Nach dem Feuer wurde sie als zweistöckiges Haus vom jungen Clausthaler Provisor Jakob Andreas Herstelle in der heute noch bestehenden Form gebaut und innen wie außen prächtig ausgestattet. Seit 2011 leitet Ariane Röthele die Berg-Apotheke in Clausthal-Zellerfeld, deren Fassade 64 geschnitzte und bemalte „Schreckmasken" oder „Neidköpfe" zieren, die als Schutz vor Neid und Missgunst dienen sollten. Im Inneren der Apotheke beeindrucken kunstvolle Stuckarbeiten mit Szenen aus der antiken Mythologie und allegorischen Darstellungen. Die historische Apothekeneinrichtung ist weitgehend erhalten, und in den Dachräumen befinden sich noch originale Bereiche zur Medikamentenherstellung. Auch wenn die Apotheke modernen Anforderungen entspricht: Hier tauchen Kunden ein in eine einzigartige historische Atmosphäre.

BESONDERES DETAIL
An den Schubladen haben sich ehemalige Mitarbeiter mit Namen und Jahreszahlen verewigt.

ARIANE RÖTHELE
Die Familie Röthele wohnt im zweiten Stock über der Apotheke.

HARZKIND – HEIMATLIEBE, DIE ANZIEHT

„Home is where your Harz is“

Manchmal entstehen aus unerwarteten Ereignissen große Ideen. Als Melanie Funke auf negative Schlagzeilen über ihre Heimat Osterode am Harz stößt, wird ihr klar: Der Harz braucht eine bessere Bühne. Sie möchte die Schönheit der Natur, die Kultur und die Geschichten der Region ins Rampenlicht rücken und die Harzer motivieren, Flagge für ihre Heimat zu zeigen. 2015 gründet sie mit Partnern und ihrem Kreativteam HARZKIND – seither eine Bewegung, die weit über den Harz hinaus Menschen inspiriert.

Wirtschaften im Sinne des Gemeinwohls

Von Anfang an folgt HARZKIND den Prinzipien der Gemeinwohlökonomie nach der Idee von Christian Felber: wirtschaftlich sein und dabei Umwelt, Mensch und Tier wertschätzen. Dieser faire Gedanke prägt jedes Projekt und Produkt. So wird beispielsweise für jeden Einkauf im HARZKIND-Onlineshop ein Baum im Harz gepflanzt, der Versand erfolgt plastikfrei, und die Produkte werden, wenn möglich, aus dem Harz bezogen.

„HARZKIND steht für die Liebe zu unserer Harzer Heimat und die Dankbarkeit, ein Teil davon zu sein.“

Mode mit Haltung, Heimat als Lebensgefühl

HARZKIND steht für nachhaltige Mode und Accessoires aus Bio-Baumwolle und recycelten Materialien, fair produziert und voller Stolz getragen. Doch HARZKIND ist mehr als ein Shop: Es ist ein Lebensgefühl, das Heimatliebe sichtbar macht und Harzliebhaber begeistert. Kein Wunder, dass HARZKIND bereits mehrfach ausgezeichnet wurde, darunter als „Kreativpioniere Niedersachsens“, mit dem „Innovationspreis Göttingen“ und dem „Innovationspreis der Volksbank im Harz“. Für Funke ist HARZKIND viel mehr als ein Projekt – es ist ihre Art, dem Harz etwas zurückzugeben.

Die Erfahrung des Verbundenseins

Melanie Funke möchte mit HARZKIND zu einem bewussteren Leben inspirieren. Zukünftig könnten daraus Angebote entstehen wie Aufenthalte im Harz mit handyfreien Zeiten, Waldbaden oder das Erlernen von Achtsamkeitstechniken. Weg von oberflächlichen Social-Media-Kontakten hin zu der Verbindung, die uns wirklich Kraft schenkt – zur Natur, zu uns selbst und zur Gemeinschaft.

HARZKIND
- HOME IS WHERE YOUR HARZ IS -

NORDDEUTSCHLANDS HÖCHSTES LIFESTYLE-HOTEL

Workation: Wenn Urlaub und Arbeit zusammenfinden
Meik Lindberg hat viel gesehen von der Welt. Über zwei Jahrzehnte hat er Start-ups aufgebaut. In Stuttgart ebenso wie in Los Angeles, Hamburg oder San Diego. Dann kam 2017 der Moment, in dem er sich beruflich neu orientierte. Die Idee: ein digitales, designorientiertes Hotel inmitten der Natur, in dem sich das Erholen mit dem Arbeiten auf sehr angenehme Art und Weise verbinden lässt. Sei es für ein paar Tage oder auch nur ein Meeting. Erfahrung mit Hotels oder Gastronomie hatten weder Lindberg noch sein Geschäftspartner Ralph Hesse, dafür aber jede Menge Unternehmergeist, der das Machen höher bewertet als die perfekte Planung vorab.

Ein Ort mit Potenzial
Die Idee begann Gestalt anzunehmen, als sie mit Braunlage den richtigen Ort für ihr New-Work-Boutique-Hotel fanden. Eine Entscheidung, die nicht unbedingt zu erwarten war: Idyllisch im Nationalpark Harz gelegen, hat der Ort touristisch schon bessere Zeiten gesehen. Aber die beiden Gründer erkannten das Potenzial und verwandelten das ehemalige Schulungsgelände der Barmer Ersatzkasse in das stylishe The Hearts Hotel (THH). Modernes Design trifft hier auf ein warmes, einladendes Ambiente, in dem Vintage-Möbel besondere Akzente setzen.

Digital und regional
Die Zimmer waren noch nicht alle fertig, da öffnete das THH bereits seine Türen. Schnell kamen die ersten Gäste, vor allem digitale Nomaden, für die einwandfreies Internet unerlässlich ist – ob in der Sauna, auf den Zimmern, im Garten oder in den Tagungsräumen. Auch die Prozesse sind digitaler als in den meisten anderen Hotels. Das Einchecken zum Beispiel macht man online, bereits vor Reiseantritt. Bei der Ankunft geht es direkt aufs Zimmer, das sich mit dem eigenen Smartphone öffnen lässt. Um den Gästen mehr zu bieten als ein inspirierendes Arbeitsumfeld, pflegen die Eigentümer Partnerschaften mit Anbietern von Freizeitaktivitäten in der Region. Wer eine Auszeit vom Job braucht, hat die Wahl zwischen Baden, Tauchen, Museumsbesuch, Mountainbike-Touren und vielem mehr. Regional geprägt ist auch das hoteleigene Restaurant, in dem hochwertige Harzer Produkte verwendet werden.

Der unerwartete Erfolg
Stillstand gibt es im THH nicht. Immer wieder kommen neue Ideen hinzu, wie ein ausgedienter Bulli als Hotelzimmer, was besonders junge, abenteuerlustige Gäste anzieht. Das Lernen aus den eigenen Fehlern, der Austausch mit Experten anderer Branchen, die Offenheit für Neues und das stetige Weiterentwickeln gehört zur DNA der Hotel-Macher, deren THH 2023 als beliebtestes Business Hotel unter allen Hotels bis 150 Zimmer ausgezeichnet wurde. „Als wir 2018 in ein Hotel im Harz investieren wollten, erklärten uns alle für verrückt“, so Lindberg über seine Unternehmung. Und ergänzt: „Und eigentlich hatten wir keine Chance – aber die haben wir genutzt.“

MAIK LINDBERG
Den wunderschönen Harz mehr in den Blickpunkt zu rücken, auch das ist eine Aufgabe, die sich der Hotelunternehmer Meik Lindberg auf die Fahnen geschrieben hat.

„Ideen entstehen im Herzen, nicht im Kopf. Mitunter muss man handeln, bevor man denkt, sonst wäre die Idee zum Hearts Hotel wohl nie realisiert worden.“

MEETING IM WAGGON
Manchmal führt ein Ortswechsel zu neuen Ideen: Ein umgebauter Zirkuswagen steht für fokussierte Arbeitstreffen bereit.

WORK & RELAX
Inmitten der Natur gelegen, bietet das Hotel viele inspirierende Ausblicke und genug Raum für entspannende Momente.

VOM BAUERNHAUS ZUM BEHAGLICHEN HARZDOMIZIL

Der gelebte Traum
Silke Borchert-Menzel und Thomas Menzel kommen ursprünglich aus Braunschweig. Irgendwann packt sie die Sehnsucht nach einem Leben im Grünen. Lange suchen beide nach einem passenden Haus auf dem Land, bis sie schließlich in Buntenbock fündig werden. Dabei scheint ihnen das alte Bauernhaus anfangs noch zu alt und zu groß zu sein. Doch dann kommen die Ideen. Ein Wohnhaus soll es werden, auch ein Ferienhaus. Ein Ort der Zusammenkunft für Familie und Freunde. Mit viel Leidenschaft und jeder Menge handwerklichem Können hauchen sie dem alten Haus neues Leben ein. Das gesamte Gebäude sanieren sie aufwendig und nach historischem Vorbild. Für die Einrichtung hat Silke Borchert-Menzel neben hochwertigen, sorgfältig ausgewählten Möbeln und Dekostücken auch auf Flohmärkten und in Harzer Vintage-Läden besondere Schätze gefunden.

Ein Ort der Begegnung
Heute ist der ehemalige Stall des Hauses, das das Paar tomGalme genannt hat, ihr eigenes gemütliches Zuhause, während das Haupthaus ein einladendes Feriendomizil für große Familien und Gruppen geworden ist. Idyllisch inmitten von Wiesen, Wäldern und plätschernden Bächen gelegen und in der Nähe von vielen Teichen, lädt tomGalme zum Wandern, Mountainbiken, Angeln oder im Winter zu einer Langlauftour ein. Da Silke eine leidenschaftliche Pilzexpertin ist, finden im Haus regelmäßig Treffen mit anderen Pilzfreunden statt, bei denen nach gemeinsamen Wanderungen die gesammelten Pilze bestimmt werden.

Eisenerz als Namensgeber
Der für Nichtharzer recht ungewöhnliche Name tomGalme bezieht sich auf die Geschichte des Dorfes Buntenbock, die bis ins Mittelalter zurückreicht. Um 1300 entstand Buntenbock als eine Ansiedlung um eine Eisenerzhütte namens „tom Galme". Hütten wurden im Mittelalter häufig als „Galme" bezeichnet, ist das doch die alte Bezeichnung für zinkhaltige Erze. Die Eisenerzhütte lag in unmittelbarer Nähe des heutigen Ferienhauses.

SILKE BORCHERT-MENZEL
Als Designerin ist Silke Borchert-Menzel für die Innenausstattung und die vielen liebevollen Details verantwortlich, die den einzigartigen Charme des Ferienhauses ausmachen.

THOMAS MENZEL,
dessen Firma Küchen herstellt, übernahm einen großen Teil der Umbauarbeiten selbst und brachte seine handwerkliche Expertise in das Projekt ein.

Veränderungen über die Zeit
Das Haus wurde um 1700 von den Brüdern Mummenthay gebaut. Genauer gesagt waren es zwei bis auf wenige Abweichungen spiegelgleiche Häuser nebeneinander. Bis 2016 gehörte das Haus Am Brink Irmgard Schmidt, die es im Alter von 94 Jahren verkaufte und wie ihre Vorfahren über Jahrzehnte dort gewohnt hatte. Ursprünglich besaß das Haus ein Stallgebäude für einige Kühe, Schweine und Hühner. Das Dachgeschoss des Stallgebäudes wurde als Heuboden genutzt. Die ehemalige Waschküche, das Holzlager und der leer stehende ehemalige Heuboden sind heute Teil des Wohn- und Ferienhauses, der frühere Kuhstall wurde zur modernen Küche.

DIE ZUKUNFT IM BLICK

Herr Professor Zeiss, wie bewerten Sie den Tourismus im Harz aktuell?

„Der Harz hat sich in den vergangenen Jahren als beliebtes Reiseziel etabliert. Durch seine Vielfalt an Outdoor-Aktivitäten wie Wandern, Schwimmen oder Biken oder auch neue kulturelle Angebote wie das Schokoladenfestival in Wernigerode. Und dennoch muss sich der Harz weiter an moderne Reisetrends anpassen. Wie cool ist der Harz etwa für Generation Z?

Was hat sich im Harzer Tourismus im Vergleich zu den vergangenen Jahrzehnten zum Positiven verändert?

„Es gibt viel mehr nachhaltigen Tourismus. Wanderwege wie der Harzer Hexenstieg sind zertifiziert. Es entstehen umweltfreundliche Unterkünfte und Mobilitätsangebote wie Hatix: Mit dem Harzer Urlaubsticket können Touristen, die eine Unterkunft in einem der teilnehmenden Orte gebucht haben, mit öffentlichen Verkehrsmitteln kostenlos den Harz erkunden."

Was ist noch zu tun, damit die Region für die Zukunft gut aufgestellt ist?

„Die Digitalisierung im Tourismus ist weiter voranzutreiben, etwa durch innovative Buchungsplattformen oder digitale Erlebniswelten bis hin zur digitalen Mobilitätsunterstützung. Auch die stärkere Kooperation der einzelnen Destinationen im Harz könnte helfen, die Region als Ganzes stärker zu positionieren. Die Herausforderung liegt vor allem darin, sich von klassischen touristischen Ansätzen zu lösen und neue Perspektiven einzunehmen. Der Bergbau ist passé, der Wald befindet sich im Wandel, das Klima ändert sich, Schnee ist nicht mehr garantiert. Und jetzt?"

Wo sehen Sie das größte Potenzial?

„Der Harz hat viel Platz für Neues. Das größte Potenzial liegt in der Weiterentwicklung des naturnahen Tourismus, kombiniert mit regionaler Wertschöpfung. Themen wie Aktiv- und Gesundheitstourismus, nachhaltigere Unterkünfte und erlebnisorientierte Angebote bieten viele Möglichkeiten. Mit Blick auf die Klimakrise könnte ich mir vorstellen, dass der Harz auch für das Thema Coolcation stehen kann. Der Harz hat die große Chance, zur Modellregion zu werden für einen Tourismus, der erfolgreich mit Wald- und Klimawandel umgeht."

„Mit Blick auf die Klimakrise könnte ich mir vorstellen, dass der Harz auch für das Thema Coolcation stehen kann."

Prof. Dr. Harald Zeiss ist seit 2011 Professor für Tourismusmanagement und Betriebswirtschaft an der Hochschule Harz in Wernigerode. Seine Forschungsschwerpunkte liegen in den Bereichen Nachhaltigkeit und internationaler Tourismus. Zuvor leitete er von 2010 bis 2016 das Umwelt- und Nachhaltigkeitsmanagement der TUI Deutschland GmbH.

Im Jahr 2011 gründete Prof. Zeiss das Institut für nachhaltigen Tourismus GmbH (Inatour) mit Sitz an der Hochschule Harz, dessen Geschäftsführer er bis heute ist. Das Institut konzentriert sich auf nachhaltigen Tourismus und Corporate Social Responsibility bei Reiseveranstaltern, Hotels, Kreuzfahrtunternehmen und Destinationen.

Durch seine Arbeit will er nachhaltige Praktiken in der Tourismusbranche etablieren und sowohl Anbieter als auch Reisende für die Bedeutung eines verantwortungsvollen Umgangs mit Ressourcen sensibilisieren.

458 METER ADRENALIN

Aussicht mit Nervenkitzel: Eine der längsten Seilhängebrücken ihrer Art schwebt in 100 Meter Höhe über der Rappbodetalsperre. Sie ist eines von mehreren actiongeladenen Abenteuern der Harzdrenalin GmbH. Für Adrenalinjunkies gibt es zudem eine der längsten Doppelseilrutschen Europas. Gigaswing ermöglicht den Pendelsprung von der Brücke mit Freiem-Fall-Erlebnis. Wer will, kann auch senkrecht an der Staumauer laufen. Harzdrenalin ist ein völlig neues Harzerlebnis.

DIE MIT DEM HARZFEELING

#Luchsamazing
Polyluchs ist die heimatverbundene Kreativagentur von Linda Brozio und Tino Semmer. Den Sympathieträger des Harzes im Namen, transportieren sie für ihre Kunden die großen Gefühle in die Welt, mit Fotografie, Video, Content Creation und Webdesign. Neben ihrer Passion für die kreativen Dinge des Lebens vereint sie die Liebe zum Harz. Die Sehnsucht nach dem ganz besonderen Harzgefühl, nach besonderen Momenten in der Natur, nach einem echten WIR-Gefühl und einer entstaubten, modernen und nach vorne gerichteten Vermarktung ihrer Heimat hat sie 2020 veranlasst, die Marke und Community Harzfeeling zu gründen. Sie haben bereits viele Community-Events organisiert, hauseigene Produkte kreiert, Menschen verbunden und soziale Projekte supportet, die genau dieses Harzfeeling vermitteln.

> „Wir wollten einen Ort schaffen, der die Seele des Harzes einfängt und Menschen miteinander verbindet."

Die Plattform für das Harzgefühl
Der Aufbau ihrer Harzfeeling-Plattform ist nun der nächste Schritt. Mit ihr wollen die beiden Inhaber von Polyluchs die Menschen im Harz unterstützen, die die Region mit viel Leidenschaft und Herzblut jeden Tag ein kleines Stückchen besser machen. Ihre Mission ist es, den Harz mit all seinen Möglichkeiten bildgewaltig und anspruchsvoll zu präsentieren und die Selbstwirksamkeit aller kleinen und großen Anbieter zu supporten. So soll die Plattform eine Art digitales Schaufenster für den Harz werden, um Erlebnisse, Veranstaltungen und Produkte der Region den Einheimischen sowie Besuchern des Harzes näherzubringen. Denn zu oft bekommen die vielen einzigartigen Angebote, die es im Harz gibt, nicht die Aufmerksamkeit, die sie verdienen. Sei es traditionelles Handwerk, regionale Spezialitäten oder Erlebnisse wie Wanderungen mit regionalen Guides. Als Plattform bietet Harzfeeling die Chance, die regionale Wirtschaft zu fördern, lokale Unternehmen zu unterstützen und den Tourismus nachhaltiger zu gestalten. Alles für ein echtes Harzer Wirgefühl.

Linda Brozio
Gemeinsam mit Tino ist Linda die Agenturinhaberin von Polyluchs sowie Taktgeberin und Kopf hinter Harzfeeling. Als geborene Harzerin und Naturliebhaberin ist Linda täglich im Harz unterwegs und hält das besondere Harzfeeling in Form von authentischen und gefühlvollen Fotos und Videos fest. Sie bespielt alle Social-Media-Kanäle und kümmert sich vor allem um die Öffentlichkeitsarbeit von Harzfeeling.

Tino Semmer
Tino hatte die Idee für Harzfeeling und kümmert sich um alle Themen rund um die Community und die Plattform. Mit seiner Erfahrung als Inhaber der Kreativagentur Polyluchs hat er das Know-how für Marketing, Content Creation und Design. Als Ex-Fußballprofi, Positiv-Denker und Visionär gibt er niemals auf, schmiedet ständig neue Pläne für Harzfeeling und beißt sich so lange an diesen fest, bis sie funktionieren.

„Der Harz hat viel mehr zu bieten als die üblichen Verdächtigen."

SPORT

Vom Winter ins ganze Jahr

Wie die Harzer Winter sich verändern, so wandelt sich auch die Welt des Sports. Noch immer bringt die Region erfolgreiche Biathleten und Langläufer hervor, leisten Vereine und Institutionen wie das Ski-Internat Harz hervorragende Arbeit. Doch längst wird nicht nur auf Rollerskiern trainiert, sondern Sommer- und Ganzjahres-Sportarten wie Wandern, Mountainbike oder Segeln gewinnen immer mehr an Bedeutung.

SAISONAL

Nach wie vor ist der Harz ein beliebtes Ziel für Wintersportler. Doch nicht nur die Winter ändern sich, sondern auch das Sportangebot im Harz.

JEDERZEIT

Wer sagt, dass man beim Skispringen auf Schnee landen muss?

ZUM NÄCHSTEN ORT

Die ersten Langläufer im Harz machten mit ihren Skiern keinen Sport, sondern bewegten sich damit bei der Arbeit im Wald.

ZU DEN OLYMPISCHEN SPIELEN

Harzer Biathleten und Langläufer holen bis heute regelmäßig Medaillen bei nationalen und internationalen Wettbewerben.

DAYTIME

Schon seit Jahrzehnten und zu jeder Jahreszeit ist der Harz ein Traum für Wanderer.

NIGHTTIME

Ein Wettbwerb wie der angesagte Brocken-Challenge, ein Ultramarathon von Göttingen zum Brocken, endet für viele Läufer mitten in der Nacht.

DEMACLENKO

SPORT IM WANDEL

Ein Zentrum des deutschen Wintersports

Noch immer prägen traditionelle Wintersportarten wie Skilanglauf, Biathlon und Skispringen die Region. Orte wie Braunlage, Clausthal-Zellerfeld und Buntenbock sind seit Jahrzehnten bekannt für ihre aktiven Skivereine und die Ausrichtung bedeutender Wettkämpfe. Mit der Wiedervereinigung Deutschlands ergaben sich neue Dynamiken. Der Ostharz, geprägt durch ein anderes Fördersystem im Leistungssport, brachte Athleten hervor, die zuvor in Trainingszentren wie Oberhof ausgebildet wurden. Einige entschieden sich, im Harz zu bleiben, was zu einer Bereicherung der sportlichen Landschaft führte. Insbesondere Biathlon gewann in den 90er-Jahren an Popularität. Bis heute erreichen Harzer Athleten nationale und internationale Erfolge, darunter Weltmeistertitel und Medaillen bei Olympischen Spielen.

Wenn der Winter ausbleibt

Allerdings stellten klimatische Veränderungen und mildere Winter die Wintersportvereine vor Herausforderungen. In der Vergangenheit zogen Veranstaltungen wie der Oberförster-Ulrich-Lauf Hunderte von Teilnehmern an, was die lebendige Wintersportkultur der Region widerspiegelt. Doch immer häufiger verhindert Schneemangel die regelmäßige Durchführung vieler Rennen. Die Folge: Die Mitgliederzahlen in den Vereinen gehen zurück. Einige Vereine reduzieren daher ihre Aktivitäten. Andere wiederum finden innovative Wege, den Sportbetrieb aufrechtzuerhalten.

Neue Antworten

So entstanden Einrichtungen wie das Ski-Internat Harz an der Robert-Koch-Schule in Clausthal-Zellerfeld, das jungen Sportlern schulische und sportliche Unterstützung auf dem Weg zum Spitzensport bietet. Die Errichtung von Skirollerstrecken und die Richard-Schulze-Arena am Sonnenberg als Leistungszentrum sind Beispiele für Anpassungen an die veränderten Bedingungen. Auch im Ostharz, in traditionellen Wintersportorten wie Benneckenstein und Hasselfelde, ist der Wandel spürbar. Skirollern und Sommerbiathlon gewinnen an Bedeutung. Mattenschanzen ermöglichten das Skispringen in schneefreien Monaten. Trotz der Herausforderungen bleiben einige Vereine nicht nur stabil, sondern entwickelten sich zu sozialen Knotenpunkten. Der Skiclub Buntenbock beispielsweise, in einem Ort mit etwa 800 Einwohnern, zählt über 500 Mitglieder, die Hälfte davon Jugendliche. Am Training nehmen Kinder aus der gesamten Region teil.

ATOMIC ARC

Arthur Ulrichs, ein Oberförster aus Lauterberg, brachte 1883 erstmals Skier nach norwegischem Vorbild in den Harz. Er nutzte Skier zur Fortbewegung im tief verschneiten Gelände und inspirierte andere zur Nachahmung. Diese Initiative gilt als Geburtsstunde des Skisports in Deutschland.

Die Vielfalt wächst

Parallel zum Wandel im Wintersport erlebten Sommersportarten einen sichtbaren Aufschwung. Mountainbiking, mit speziell ausgewiesenen Strecken und Bikeparks, sowie Wandern und Laufen werden beliebter. Veranstaltungen wie der Harz-Gebirgslauf, der Brocken-Marathon und der 10-Teiche-Marathon ziehen immer mehr Teilnehmer an. Die Vielfalt des sportlichen Angebots in der Region wächst. So ist der Wurmberg nicht nur das größte Skigebiet Norddeutschlands, sondern längst auch ein Ziel für diverse actionreiche Freizeitaktivitäten.

Der Harz, seit Anfang des 20. Jahrhunderts eines der Zentren des Wintersports in Deutschland, erlebt einen bemerkenswerten Wandel. Auch wenn Wintersporttraditionen bewahrt werden, entwickelt sich die Region zu einem vielfältigen Zentrum für ganzjährige Sporterlebnisse.

HERZLICH WILLKOMMEN
Das Club-Haus des Skiclubs Buntenbock

IM ELEMENT

Das Gleiten auf Skiern geht nur auf Schnee.

EIGENSTÄNDIG

Rollerski ist nicht nur Sommertraining für Langläufer und Biathleten, sondern ein eigener Sport mit Wettkämpfen und Meisterschaften.

SPRUNG INS GRÜNE
Ob Training oder Wettkampf: In den ganzjährig nutzbaren Schanzen in Braunlage, Wernigerode, Bennenckenstein und Harzgerode landen Skispringer in der schneefreien Zeit auf Mattenbelag.

ANSCHAUEN

Historische Langlaufskier waren meist aus Eschen- oder Birkenholz gefertigt. Sie waren langlebig, aber schwer. Um das Holz vor Feuchtigkeit zu schützen, wurden sie mit Lack oder Teer behandelt. Oft waren sie über 2,50 Meter lang und deutlich anspruchsvoller zu fahren als moderne Modelle.

LOSLAUFEN

Moderne Langlaufskier sind hoch entwickelte Sportgeräte, die auf Materialinnovation, Gewicht, Flexibilität und Einsatzzweck optimiert sind. Sie bestehen aus Karbon, Glasfaser und leichtem Holz und sind abgestimmt auf den jeweiligen Läufer.

EIN LEBEN FÜR DEN BIATHLON

Vom Athlet zum Sportdirektor
Bereits in Kindertagen ist sein Talent unübersehbar: Daniel Böhm, der in einer Familie von Skilangläufern aufwächst, beginnt beim SC Buntenbock mit dem Biathlontraining und feiert bald erste Erfolge. Nach seinem Schulabschluss in Clausthal führt ihn sein Weg zur Bundespolizei, wo seine Karriere im Rahmen der Spitzensportförderung Fahrt aufnimmt. 2014 feiert Daniel Böhm mit der deutschen Biathlon-Staffel seinen größten Erfolg: die Silbermedaille bei den Olympischen Spielen in Sotchi, aus der durch eine nachträgliche Disqualifikation Russlands nun sehr wahrscheinlich noch die Goldmedaille werden wird. Der krönende Abschluss seiner Laufbahn ist der Weltmeistertitel 2015. Ein Jahr später tritt Böhm zurück und absolviert zunächst eine Ausbildung zum Hubschrauberpiloten. Doch seine Leidenschaft für den Biathlonsport ist stärker: 2019 übernimmt er die Position des Sportmanagers bei der Internationalen Biathlon-Union. 2022 steigt er zum Sportdirektor auf. In dieser Funktion setzt er sich mit Herzblut für die Weiterentwicklung des Biathlons ein.

DANIEL BÖHM
an seinem Kraftort.

„Auch wenn ich viel unterwegs bin: Den Harz trage ich in meinem Herzen. Die vertraute Landschaft mit ihren Teichen und Gräben, Wäldern und Hügeln hat mich geprägt. Die Erinnerung an Kindertage und Karriereerfolge, diese enge Verbindung von Natur und Sport machen diese Region für mich zu etwas Besonderem. Ich erinnere mich an so viele Skitouren und Läufe rund um Buntenbock und Clausthal-Zellerfeld. Für mich ist das hier mehr als nur Heimat – es ist ein Ort der Kraft, Erholung und Inspiration. Ich liebe diese Landschaft, freue mich aber über die Veränderungen. Vor Jahren waren die Wälder hier noch dicht und dunkel, jetzt, nach dem großen Baumsterben, gibt es neue Ausblicke und viel frisches, helles Grün. Wann immer es meine Zeit erlaubt, zieht es mich zurück auf die Pfade meiner Heimat – zum Laufen, zum Skifahren. Und manchmal genieße ich einfach nur die Ruhe."

adidas

AUSNAHMEATHLET UND STIMME DES BIATHLONS

Von der Loipe in den Podcast
Arnd Peiffer ist der Ausnahmeathlet des deutschen Biathlons der vergangenen Jahre. Seit seinem neunten Lebensjahr stand er für den WSV Clausthal-Zellerfeld auf den Skiern. Seine Laufbahn ist gespickt mit herausragenden Erfolgen: Olympiasieger von 2018 im Sprint und mit der Staffel 2014 sowie fünffacher Weltmeister und mehrfacher Weltcupsieger. Der Weltmeistertitel, den er sich im Einzel der Herren über 20 km im März 2019 erkämpfte, war der erste Sieg eines deutschen Biathlon-Herren in dieser Königsdisziplin seit zwei Jahrzehnten. Bis heute bleibt Peiffer der internationalen Biathlon-Welt eng verbunden. Nach seinem Karriereende im Jahr 2021 etabliert er sich nahtlos in neuen Rollen. Als Biathlon-Experte und Kommentator bei der ARD bringt Peiffer seine Fachkenntnis auf sympathische Art in die Wohnzimmer der Fans. Mit seinem langjährigen Weggefährten Erik Lesser betreibt er den Podcast „Das Biathlon-Doppelzimmer" und gibt spannende Einblicke hinter die Kulissen des Sports. Mit Humor, Insiderwissen und einer kritischen Perspektive begleitet er die Entwicklungen im Biathlonsport.

„Schon in meiner Kindheit war die Gegend rund um den Schalker Teich für mich ein außergewöhnlicher Ort. Wir haben viele Familienausflüge dorthin unternommen. Mein Vater hat mir dann inmitten dieser malerischen Natur Flora und Fauna nähergebracht. Besonders die hohen, starken Fichten haben es mir angetan, mit ihrer Ruhe und Beständigkeit. Am Schalker Teich kann ich abschalten und Ruhe finden, aber auch auftanken. Wann immer ich in der Heimat bin, genieße ich es, die vertrauten Wege zu laufen oder auf Skitour zu gehen und die einzigartige Atmosphäre der Harzer Landschaft in mich aufzunehmen."

ARND PEIFFER
an seinem Kraftort.

WO ALLES BEGANN

AM URSPRUNG
Die Trainingsjahre in Clausthal-Zellerfeld prägten nicht nur ihre sportlichen Karrieren, sondern stärkten auch ihre Bindung zum Harz, in den sie immer wieder gerne zurückkehren – als Athleten, Botschafter und Vorbilder für die nächste Generation.

Wiedersehen im Stadion
Zwei der erfolgreichsten deutschen Biathleten verbindet nicht nur ihre sportliche Karriere, sondern auch ihre gemeinsame Heimat. Unzählige Male kreuzten sich ihre Wege auf dem Trainingsgelände bei Clausthal-Zellerfeld, wo beide Athleten viele Stunden schweißtreibender Arbeit in ihre Karrieren investierten. Hier legten sie unzählige Kilometer zurück, kämpften sich durch steile Anstiege und meisterten rasante Abfahrten, die bei Regen zu gefährlichen Herausforderungen wurden. Jeder Hügel, jede Kurve ist ihnen noch heute präsent.

Unter Anleitung ihrer Trainer perfektionierten sie das Schießen unter Belastung – liegend, stehend, immer und immer wieder. Das Ritual war klar: ins Stadion einlaufen, Stöcke ablegen, Gewehr aufnehmen, laden, zielen, schießen. Die Routine war anstrengend, doch notwendig, um die Perfektion zu erreichen, die später auf der internationalen Bühne gefordert wurde. Egal ob Regen, Nebel oder Hitze – der Trainingsplan wurde durchgezogen. Disziplin und Durchhaltevermögen waren die Grundlagen ihres Erfolgs. Im Winter wechselten die beiden schließlich auf die Loipen. Die verschneite Winterlandschaft war eine Belohnung für die harte Arbeit in der kalten Jahreszeit.

WEGGEFÄHRTEN
Peiffer und Böhm treffen ihren ehemaligen Trainer Frank Spengler. Gemeinsam beobachten sie das Training der jungen Biathleten, die heute auf der Strecke trainieren, die einst ihre sportliche Heimat war.

10
9
8
7
6
5
11
10
9

DIE TALENT-SCHMIEDE

SPEZIAL FAKTOR

Wer in Deutschland an professionellen Wintersport denkt, der hat wahrscheinlich die bayerischen Alpen vor Augen – die Berge noch relativ schneesicher, viele Athleten bekannt, die Leistungszentren renommiert. Und doch kommen gerade aus dem Harz immer wieder Olympiasieger und Weltmeister wie die Top-Biathleten Franziska Hildebrand, Daniel Böhm und Arnd Peiffer. Damit aus noch mehr heimischen Talenten erfolgreiche Profis werden und der Harz ein attraktiver Sportstandort bleibt, braucht es starke Institutionen wie das Ski-Internat in Clausthal-Zellerfeld, das eine zentrale Rolle in der Förderung des Wintersports in Niedersachsen spielt.

Was Talente wachsen lässt

Schule und Sport reibungslos zu verbinden, das ermöglicht die Kooperation mit der Robert-Koch-Schule, einem Gymnasium in Clausthal-Zellerfeld. Hier können die Nachwuchssportler die schulische Ausbildung an Trainings- und Wettkampfanforderungen anpassen. Dazu gehören auch Nachführunterricht und Freistellungen vom Unterricht für Wettkämpfe. Wenn es nach der Schule ins Training geht, befinden sich in unmittelbarer Nähe des Internats hervorragende Trainingsstätten wie das Landesleistungszentrum Zellerfelder Tal mit Schießstand und Rollerbahn für die schneefreie Zeit, im Winter geht es ins Landesleistungszentrum Sonnenberg mit Schießstand und Skistrecken. Weil auch Wintersportler vielfältig trainieren sollten, gibt es im Internat zudem eine Sporthalle und einen gut ausgestatteten Kraftraum.

Herausforderung angenommen

Doch nicht nur die jungen Sportler stehen vor Herausforderungen, auch das Internat selbst. Die Leistungssportreform des Deutschen Olympischen Sportbundes und des Bundesinnenministeriums führt zu einer Konzentration der Fördermittel auf wenige bundesweite Stützpunkte. Nur dank intensiver Bemühungen und der Unterstützung lokaler Akteure konnte eine Sonderförderung bis 2030 erreicht werden, die den Fortbestand des Internats und der Trainingsstätten sichert. Um den Sport im Harz insgesamt weiterzubringen, braucht es auch weiterhin die engagierte Förderung und exzellente Betreuung der Nachwuchstalente, wie sie das Ski-Internat Harz seit 1998 ermöglicht.

Die professionelle Betreuung und das motivierende Umfeld ziehen auch Sportler aus anderen Regionen an.

9

AUF DEM WEG IN DIE SPITZE

DER GUTE RAT
„Mach dein Ding, gib dein Bestes, die Platzierung ist egal.“ Mit diesen Worten nahm ihre ehemalige Trainerin Milena Eimann den Druck von Emma. Mental befreit, verbesserte die Neu-Harzerin ihre Leistungen daraufhin deutlich.

Vom Schwebebalken in die Loipe
Bis zum Alter von zehn Jahren ist Emma Busche vom Wintersport und vom Harz noch ein ganzes Stück entfernt. Das Mädchen aus dem Erzgebirge liebt das Geräteturnen. Dann verfolgt sie beim Fernsehen mit ihrer Großmutter gespannt einen Biathlon-Wettbewerb. Die Kombination aus Schießen und Skilanglauf, für die es Ausdauer wie Präzision braucht, begeistert sie. Der Funke springt über, und Emma wagt sich in die Loipe. Zu Beginn ihrer Karriere trainiert sie noch mit dem Luftgewehr, dann wechselt sie nach etwa drei Jahren zum Kleinkaliber. Ein Übergang, der sie eigentlich in die sächsischen Wintersporthochburgen nach Oberwiesenthal und Altenberg führen sollte. Doch bei einem nationalen Wettkampf weist ihr ein Dresdener Trainer den Weg in den Harz. Emmas Reise in eine neue sportliche und persönliche Welt beginnt.

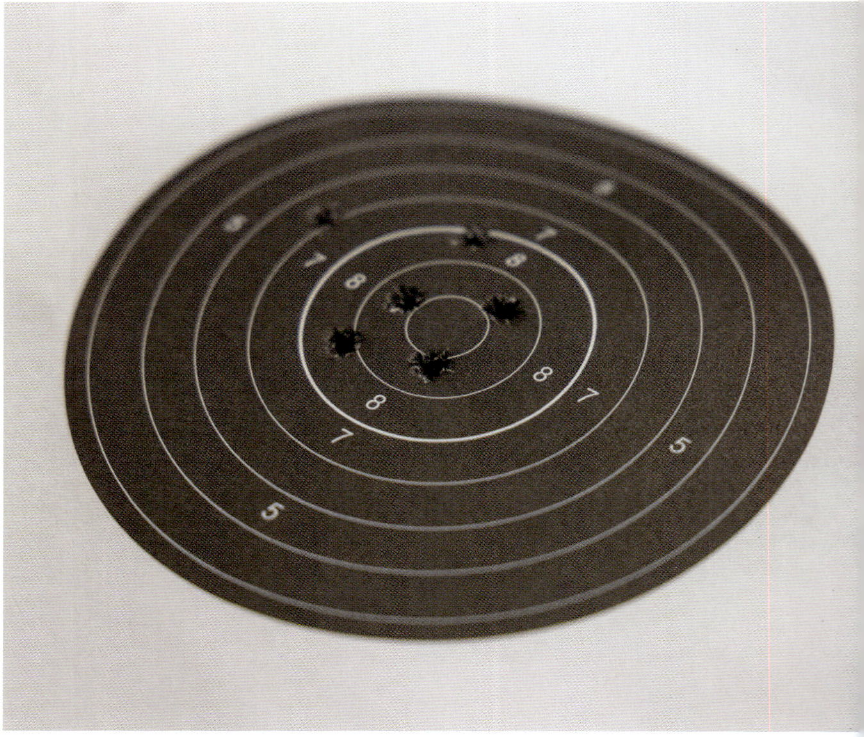

Ein neues Zuhause – sportlich wie privat
Mit ihrer Familie kommt Emma für ein Probetraining nach Clausthal-Zellerfeld. Dank des Kontakts zu Trainer Rico Uhlig, vom Deutschen Skiverband 2019 als Trainer des Jahres ausgezeichnet und am Standort Clausthal für den niedersächsischen Kader zuständig, findet sie schnell Anschluss und eine Perspektive. Riet man ihr in Sachsen noch, bodenständig zu bleiben und klein zu denken, geht es jetzt um neue Ambitionen. Seit dem ersten November 2023 lebt Emma im Internat in Clausthal, trainiert für den Ski-Club Buntenbock sowie den Niedersächsischen Skiverband (NSV). Hier findet Emma genau das, was sie braucht: eine Gemeinschaft hoch motivierter Athleten. Die kleine Trainingsgruppe, in der sie mit Gleichaltrigen läuft, pusht sich gegenseitig und simuliert Wettkampfsituationen. Der Zusammenhalt, die gegenseitige Unterstützung und die gezielte Förderung durch Internatsleiterin Anna Maschmann stärken Emma. Der Menschen, aber auch der malerischen Landschaft wegen ist der Harz für Emma längst mehr als nur ein Trainingsort – er ist zu ihrer zweiten Heimat geworden.

Gut organisiert zum Ziel
Im Winter wie im Sommer trainiert Emma in der abwechslungsreichen Umgebung von Clausthal und dem Sonnenberg, zwei wichtige Biathlonzentren der Region. Auch wenn sie am liebsten mit ihren Skiern auf Schnee unterwegs ist, betont Emma, dass jede gute Biathletin im Sommer geformt wird – auch durch alternative Trainingsmethoden wie Volleyball, Inlineskating oder Schwimmen. Für den Erfolg ist Emmas Tagesablauf streng durchgetaktet: Schule, Training, gemeinsames Mittagessen und zusätzliche Nachhilfe für sportliche Herausforderungen bestimmen ihren Tag. Denn Emma hat große Ziele: Sie will ihre Schieß- und Laufstärke weiterentwickeln und konstant Top-10-Platzierungen erreichen. Vielleicht wird sie eines Tages zur Bundeswehr oder Bundespolizei gehen, um sich auf ihre Berufung konzentrieren zu können: im IBU-Cup oder Weltcup durchzustarten. Wie ihr Vorbild Denise Herrmann, deren Laufstärke und Entwicklung zur treffsicheren Schützin sie inspiriert. Mit ihrer strukturierten Herangehensweise, ihrer Leidenschaft und der Unterstützung ihres Teams im Harz ist sie auf einem vielversprechenden Weg.

DAS GROSSE ZIEL IM BLICK
In der Saison 2023/2024 erzielt Emma bemerkenswerte Ergebnisse. Sie platziert sich in den Top 10 der 15-Jährigen und zeigte damit ihr Potenzial für zukünftige Erfolge im Biathlon.

LEKI

EIN VEREIN FÜR GENERATIONEN

Das Herz des Dorfes
Viele Vereine auf dem Land haben Nachwuchsprobleme, die Mitgliederzahlen sinken. Anders in Buntenbock: In dem Oberharzer Dorf leben 800 Menschen, 500 Mitglieder hat der örtliche Ski-Club. Es ist überall zu spüren: Der Ski-Club Buntenbock ist das Herzstück der Dorfgemeinschaft. Und macht, wie die Zahlen zeigen, einiges richtig. Besonders in der Jugendarbeit gilt der Club als Vorzeigeprojekt für den organisierten Sport im ländlichen Raum. Trotz sinkender Geburtenraten steigt gerade die Zahl der jungen Mitglieder beständig. Kinder und Jugendliche üben sich hier in Teamgeist, Disziplin und Durchhaltevermögen – Qualitäten, die ihnen auch abseits des Sports zugutekommen. Der Verein sorgt für den sozialen Kitt, was sich im Austausch der Generationen zeigt: Der Verein fördert Aktivitäten, an denen jüngere und ältere Mitglieder gemeinsam teilnehmen und voneinander lernen.

Vielfalt in der Breite und der Spitze
Stand in der Geschichte des Ski-Clubs Buntenbock von 1907 e.V. meist der klassische Skilanglauf im Vordergrund, in dem noch heute der Nachwuchs umfangreich gefördert wird, gewinnt Biathlon an Bedeutung. Eine Disziplin, in welcher der Club bereits Athleten wie Daniel Böhm hervorgebracht hat, vielfacher Medaillengewinner bei Weltmeisterschaften, Weltcups und Olympischen Spielen. Durch regionale Kooperation wird seit einigen Jahren auch das Skispringen gefördert. Das besondere Engagement des Vereins zeigt sich in dem regelmäßigen Ausrichten von nationalen Wettkämpfen, darunter der Deutsche Schülercup (DSC). Diese Veranstaltungen sind nicht nur sportliche Höhepunkte, sondern auch wirtschaftlich und kulturell bedeutsam für die Region.

Offen für den Wandel

Für jeden Ski-Club, der sich im Mittelgebirge befindet, werden die wärmeren Winter zur Herausforderung. Wenn dann auch noch der demografische Wandel zuschlägt und immer weniger Kinder den Skisport erlernen, verschärft das die Lage zusätzlich. Der Ski-Club Buntenbock findet darauf kreative Antworten. Zum Beispiel durch Partnerschaften mit Bildungseinrichtungen, die den Kindern den Zugang zum Skisport erleichtern. Durch ein erweitertes Sommerangebot: Sportarten wie Skirollerlaufen und Nordic Walking werden weiter ausgebaut, um das Vereinsleben unabhängig von der Wintersaison zu machen. Dennoch investiert der Club weiter in den Wintersport, zum Beispiel in Schneekanonen und die verbesserte Präparierung von Loipen.

Es ist die Kombination aus Tradition und neuen Ideen, die den Club zu einer Institution macht, die weit über den Harz hinaus Anerkennung findet. Während sich die Bedingungen für den Wintersport wandeln, bleibt der Ski-Club Buntenbock auch durch seine verantwortlichen Persönlichkeiten eine feste Größe – für den Sport, für den Nachwuchs und für die Gemeinschaft.

Seit 2001 hat sich die Mitgliederzahl um knapp 74 Prozent erhöht, die Zahl der Mitglieder in der Altersgruppe bis 18 Jahre sogar um 245 Prozent.

Ein Leben für den Wintersport

Als der Verein nach dem Krieg 1961 wiedergegründet wird, ist Heinrich Hille eines der ersten Mitglieder. Seitdem trägt er entscheidend zur Entwicklung des Vereins bei. 25 Jahre führt er als erster Vorsitzender den Club durch eine Phase des Wachstums und der Modernisierung. Das Vereinshaus, das unter seiner Führung errichtet wird, dient bis heute als zentraler Treffpunkt für Mitglieder und Gäste. Gemeinsam mit Bernd Schmidt, der 50 Jahre beim Ski-Club Buntenbock die Jugend trainierte, setzt sich Hille intensiv für die Nachwuchsförderung ein, auch über die Grenzen des Vereins hinaus als Jugendwart im Niedersächsischen Skiverband. Damit folgt er seiner Vision, jungen Sportlern eine Perspektive im Wintersport zu bieten – im Breiten- wie im Leistungssport.

Die neue Generation

Nach Heinrich Hille übernimmt Sven Münch das Amt des ersten Vorsitzenden. Besonders in der Nachwuchsarbeit setzt er neue Akzente. Neben seiner Funktion als Vereinsvorsitzender ist er als Landestrainer für den Langlaufnachwuchs im Niedersächsischen Skiverband aktiv. Jungen Talenten eröffnet er nicht nur innerhalb des Vereins, sondern auch auf Landesebene neue Möglichkeiten. Münch setzt zudem auf eine enge Vernetzung mit anderen Skivereinen im Harz, um die Trainingsbedingungen und Wettkampfmöglichkeiten für die Athleten weiter zu verbessern. Die enge Kooperation führt unter anderem zur gemeinsamen Ausrichtung von Wettkämpfen und Trainingslagern, bei denen Nachwuchssportler aus der gesamten Region zusammenkommen.

PROFIS

Die ganzjährig nutzbare Schanze des WSV Braunlage – ein Verein mit langer Historie im Skispringen. Mit Eckhard Reichertz und seinem Vater Helmut Reichertz brachte der Verein zwei Generationen erfolgreicher Springer hervor, die jeweils bei der Vierschanzentournee für Deutschland antraten.

NACHWUCHS

Die parallel verlaufende kurze Anlaufbahn ist ebenfalls im Sommer wie Winter nutzbar und eignet sich bestens für Kinder und Jugendliche.

HIGH-TECH PERFORMANCE

Früher griff man zu Kerzen- oder Bienenwachs, um Langlaufskier gleitfähiger zu machen. Heute entscheidet High-Tech über die Performance: Je nach Schneetemperatur, Feuchtigkeit und Kristallform werden mit modernen Steinschleifmaschinen maßgeschneiderte Mikrostrukturen in den Belag eingearbeitet, um die Gleitfähigkeit auf ein neues Level zu heben. Ziel ist es, den Wasserfilm unter dem Ski exakt zu regulieren – für maximale Geschwindigkeit und optimale Kontrolle.

HARZER HIGHTECH FÜR DEN SPITZEN-SPORT

Heute ist die Laktatdiagnostik ein unverzichtbares Werkzeug im Hochleistungssport, insbesondere in Ausdauersportarten wie Radsport, Laufen, Schwimmen oder Skilanglauf. Seit ihren Anfängen in den 60er-Jahren hat sich die Messung der Laktatwerte beständig weiterentwickelt. Zu einem fulminanten Durchbruch in puncto Software kommt es in den 90er-Jahren im Harz.

Vom Keller in Buntenbock auf die Weltbühne

Der Harz mit seinen idealen Bedingungen für den Wintersport bringt immer wieder talentierte Wintersportler hervor. Einer davon ist in den frühen 90er-Jahren der Skilangläufer Christian Hille. Als mathematisch versierter Student entwickelt Hille im Keller seines Hauses in Buntenbock die erste Software zur Laktatleistungsdiagnostik, medizinisch begleitet von Dr. Ludwig Geiger vom deutschen Skiverband. 1997 vertraut Hille die Weiterentwicklung der Software seinem Freund und Kommilitonen Joachim Magera an, der zwei Häuser weiter wohnt und mit dem ihn die Leidenschaft für Sport und IT verbindet. Dieser portiert die Software für das damals frisch auf den Markt gekommene Betriebssystem von MS DOS auf Windows 95 – in Zeiten, als Google und Farbdrucker noch vollkommen unbekannt sind und noch eine volle Dekade bis zum Erscheinen des ersten iPhones vergehen wird. In seinem Souterrain in Buntenbock und später im Keller der Clausthaler Kultkneipe Anno Tobac entwickelt Magera neben Vollzeitstudium und Hauptberuf die Software mit einer ersten Windows-Oberfläche.

Die erste Windows-Version der „winlactat", wie die Software getauft wird, macht rasch Furore auf dem deutschen Markt. Ende der 90er wird winlactat auf der weltgrößten Medizinmesse MEDICA in Düsseldorf vorgestellt. Es entstehen zahlreiche, teilweise bis heute bestehende Partnerschaften zu Hard- und Softwareherstellern aus dem Spitzensport.

Die Lactatsoftware der Profis

Angetrieben vom Erfolg seiner Software, wagt Magera den endgültigen Schritt in die Selbstständigkeit. Nach 13 Jahren Oberharz gründet er 2004 die Mesics GmbH und zieht der Liebe wegen mit dem Unternehmen nach Münster. Seitdem gewinnt die mesics GmbH nahezu alle Olympiastützpunkte und Universitäten Deutschlands als Kunden, dazu zahlreiche Kliniken, Verbände, Ärzte, die Bundeswehr und sogar den Profifußball im In- und Ausland.

In dieser Zeit stemmt Magera als Geschäftsführer, Ausbilder, Seminarleiter, Entwickler, Marketing- und Vertriebsleiter sämtlichen Support für nunmehr annähernd 5.000 nationale und internationale Kunden. Am Ende führt er das Unternehmen ein Vierteljahrhundert durch die DotCom-Blase und Finanzkrise, durch Corona- und Elternzeit. Die Software bewahrt dabei ihre Rückwärtskompatibilität über alle zehn bisherigen Windows-Betriebssysteme hinweg.

Zurück in den Harz

2023 verkauft Magera einen Großteil der Unternehmensanteile. Die neuen Gesellschafter sind darauf bedacht, das Unternehmen einerseits auf neue Beine zu stellen, andererseits die Kultur nicht wesentlich zu verändern. Was liegt da näher, als das Herzstück – die Vertriebsleitung und Geschäftsentwicklung – zurück in den Harz zu verlegen? Dahin, wo alles vor 30 Jahren begann.

Heute wird bei Mesics zusammen mit der Crème de la Crème des Spitzensports und der Sportwissenschaft an neuen physiologischen Modellen gearbeitet, die es Athleten ermöglichen sollen, Training und Wettkampf noch besser und gezielter zu steuern. Passend dazu plant Mesics, den Oberharzer Ärzten, Diagnostikern und Athleten gezielte medizinische Weiterbildungen anzubieten.

Keine andere zentrale Location in Deutschland bietet diese spannende Mixtur aus Natur und Abgeschiedenheit in direkter Nähe zu einer unüberschaubaren Vielfalt sportlicher und wissenschaftlicher Angebote in gastfreundlicher Atmosphäre.

„Wir streben nach Gold, nicht nach Silber. Bis heute ist winlactat die weltweit führende Software für kombinierte Laktatdiagnostik und Spiroergometrie."

10.000 Installationen
5 Millionen Laktattests
440 olympische Medaillen

STADTWERKE
WERNIGERODE
ARENA

VOM EISLAUF-ELDORADO ZUR MULTIFUNKTIONS-ARENA

Die große Vergangenheit
Anfang des 20. Jahrhunderts ist Schierke ein beliebter Wintersportort, insbesondere für die Fans des Eislaufs. Wo heute die Feuerstein Arena die Besucher anzieht, wird 1911 ein Natureisplatz eingeweiht, der 1934 zum Austragungsort der Deutschen Eishockey-Meisterschaft wird. 1950 wird aus dem Platz ein Natureisstadion. Im selben Jahr gewinnt Jutta Müller, die spätere Trainerin der Olympiasiegerin Katharina Witt, im neuen Stadion die Vizemeisterschaft im Eiskunstlauf. 1961 aber wird Schierke als Folge der deutschen Teilung zum Sperrgebiet und das Stadion zunehmend baufälliger. Das ändert sich auch nach der Wende erst mal nicht. Bis 2013 die Stadt Wernigerode, zu der Schierke mittlerweile gehört, in die Zukunft des Ortes investiert. Ein europaweiter Architekturwettbewerb wird ausgeschrieben

Das spektakuläre Dach
Das Ziel: Das reine Eisstadion soll zu einer Multifunktionsarena werden. Zu einem Ort, der das historische Eislaufambiente kunstvoll in eine moderne Gestaltung einbettet und das ganze Jahr über eine Vielfalt von Aktivitäten ermöglicht. Dem Architekturbüro Graft gelingt eine innovative Lösung: Das filigrane Dach, das an nur zwei Gebäudepunkten verankert ist, bietet Schutz vor Witterung und gibt zugleich den Blick frei auf die unverwechselbare Berglandschaft und den Harzer Himmel. Gekonnt integriert werden dabei die Natursteinterrassen und der denkmalgeschützte hölzerne Schiedsrichterturm.

Ein Ort fürs ganze Jahr
2017 wiedereröffnet, ist die Schierker Feuerstein Arena über das Jahr hinweg der Ort für Sport- und Kulturereignisse in Schierke. Im Winter fungiert die Arena als überdachte Kunsteisbahn zum Schlittschuhlaufen, Eisstockschießen oder als Eisdisco. Im Sommer wird sie zur Attraktion für Rollschuhfahrer, Trampolinspringer, Minigolfenthusiasten und Boulderfans. In ihr finden Konzerte, Theateraufführungen sowie Sport- und Gesundheitsveranstaltungen statt. Mit dieser Vielfalt an Möglichkeiten und der gelungenen Verbindung von Tradition und modernem Design zeigt die Arena, wie die Region über den Wintersport hinauswächst.

DAS DACH
mit einer Fläche von 2.700 Quadratmetern besteht aus einem Stahlring, der mit einem Stahlseilnetz und einer PTFE-Membran überspannt ist.

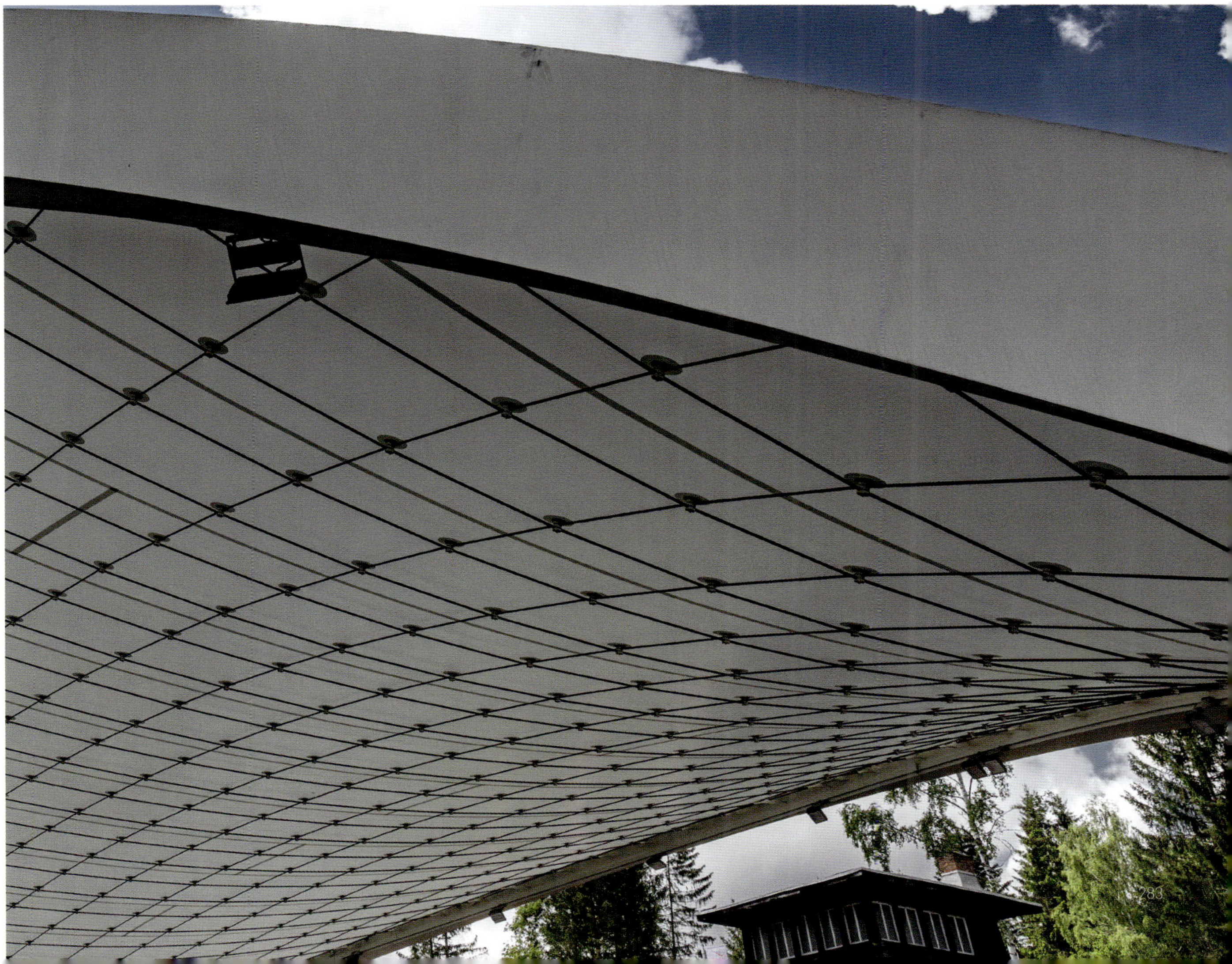

Wurmberg

DAS GANZJAHRES-ERLEBNIS

Norddeutschlands größtes alpines Skigebiet
Wer im Harz Alpinskifahren oder snowboarden will, hat am Wurmberg bei Braunlage die besten Chancen. Am höchsten Berg Niedersachsens befindet sich das größte Skigebiet Norddeutschlands, mit fünf Liften, 16 Pisten und 13 Kilometern präparierten Abfahrten, von einfach bis schwer. 2011 investierten die Wurmbergseilbahn GmbH & Co. KG und das Land Niedersachsen circa 10 Millionen Euro in den Ausbau und die Erneuerung des Skigebiets. Teil der Investitionen war eine Beschneiungsanlage mit 100 Schneelanzen, von der auch die 1,6 Kilometer lange Rodelbahn profitiert.

Wenn die Lifte nicht öffnen
Dabei ist Schnee im Winter im Harz und auch am Wurmberg längst keine Selbstverständlichkeit mehr. Selbst die Beschneiungsanlage hilft nicht mehr weiter, wenn die Temperaturen nicht lang genug im Minusbereich liegen. Hinzu kommt eine weitere Herausforderung: Durch das Sterben des Fichtenwaldes sind Skipisten und Lifte den starken Winden im Harz ungeschützt ausgesetzt. Die Folge: Trotz guter Schneelage können an manchen Tagen die Lifte wegen Sturmes nicht öffnen.

Die neue Vielfalt
Dominierte über Jahrzehnte am Wurmberg der Wintersport, lockt Norddeutschlands höchster Bikepark auch in der schneefreien Zeit. Mit der Wurmberg-Seilbahn geht es für Downhill-Biker und Freerider auf die in 960 Meter Höhe gelegene Bergstation, um sich dann auf vier Strecken mit bis zu 4,5 Kilometer Länge Richtung Tal zu stürzen. Die weitestgehend naturbelassenen Strecken nutzen die spezifische Topografie des Wurmbergs. Nervenkitzel auf drei Rädern bieten die Wurmberg-Mountaincarts, Panoramablick inklusive. Ein weiterer Downhillspaß ist der Ritt auf den Monsterrollern: überdimensionierte, stollenbereifte „Tretroller" mit Scheibenbremsen. Eine Wasserspiel- und Erlebnislandschaft lädt Familien zum Entdecken ein. Mit Klöppelpumpen, Rinnensystemen, Tänzelsteinen, Erdrutschhügel und Wassertreppen.

Die neuen Angebote sind nicht nur eine Antwort auf den Klimawandel, sondern machen die Region auch zum ganzjährigen Ziel für Touristen.

LANGE ABWÄRTS
Mit über 4,3 km Länge und 405 Höhenmetern talwärts bietet der Wurmberg die längste deutsche Skipiste außerhalb der Alpen.

MIT ALLEN WASSERN

Ein Erbe des Bergbaus und der Oberharzer Wasserwirtschaft sind die vielen Teiche und Stauseen. Zusammen mit wilden Flüssen wie der Oker machen sie den Harz zu einer Attraktion für Wassersportler aller Art.

Planbare Wildwassertouren
Die Oker zählt zu den besten Wildwasserstrecken Norddeutschlands. Besonders der Abschnitt zwischen Okertalsperre und dem Ort Oker bietet erfahrenen Kajakfahrern und Wildwassersportlern spannende Stromschnellen und eine wunderschöne Naturkulisse. Da die Oker durch die Okertalsperre führt, wird Wasser gezielt abgelassen. Die regelmäßigen Wasserfreigaben, besonders an Wochenenden, ermöglichen planbare Wildwassertouren.

Von Stand-up-Paddling über Schwimmen und Kajakfahren bis zum Segeln: Im Harz ist alles möglich.

FRIEDERIKE FUNKE
ist Bootshauswartin am Sportinstitut der TU Clausthal.

IM WELTKULTURERBE
baden? Das geht. In einem der mehr als 100 Teiche oder Seen, die sich hervorragend zum Schwimmen eignen, ob tagsüber oder nachts. Die Oasen inmitten der Natur ziehen Menschen aus Göttingen, Kassel oder selbst Hamburg an.

LAUFEN MIT DER NATUR

Der Orientierungsläufer
Eike Bruns ist Bad Harzburger in sechster Generation. Zum Orientierungslauf, ein ursprünglich aus Skandinavien stammender Sommerausgleichssport für Skilangläufer, kam er unter anderem durch seine älteren Brüder. Bruns ist Vorsitzender beim MTK Bad Harzburg, einem Verein, der 2025 die Deutschen Meisterschaften ausrichtet und in Deutschland mit am längsten Orientierungslauf betreibt. Jahrelang selbst Läufer, ist er mittlerweile bei den meisten Events weniger in der Startliste als im Organisationsteam zu finden. So organisiert Bruns mit seinem Verein den jährlich stattfindenden Bad Harzburger Silvesterlauf und engagiert sich auch in der Organisation des Bad Harzburger Bergmarathon. Der Region ist Bruns eng verbunden. Als er eine Zeit lang im flachen, agrargeprägten Süden Schwedens studierte, vermisste er nach einem halben Jahr die heimischen Berger und Wälder. Auch der Natur wegen ist er dem Harz treu geblieben.

EIKE BRUNS
arbeitet im Landesamt für Bergbau, Energie und Geologie (LBEG)

Was ist das Besondere an Ihrem Sport?
„Es ist vor allem eines nicht: stumpfes Laufen. Als Orientierungsläufer bewegen wir uns mit allen Sinnen durch die Natur und sehen Orte, zu denen viele Menschen sonst nicht kommen. Vor allem müssen wir uns permanent konzentrieren, den Kopf einsetzen und schauen, wie wir die richtige Route und den nächsten Posten finden. Und das nicht mit einem digitalen Tool, sondern mit echtem Kompass und echter Karte. Diese tolle Kombination aus Körper und Geist bieten nur wenige Sportarten. Anspruchsvoll ist es auch für die Organisatoren der Läufe: Jeder Lauf muss anders sein. Sonst würde die Anforderung, sich im Gelände zu orientieren und eine Strecke finden zu müssen, irgendwann wegfallen."

Warum eignet sich der Harz für diesen Sport?
„Die Akzeptanz für Orientierungsläufe ist im Harz sehr groß. Mit den Behörden hatten wir nie Probleme, wenn es um Genehmigungen ging, da wir immer bemüht sind, uns naturgerecht zu verhalten. Und dann ist da noch diese wundervolle Natur. Auch wenn durch Borkenkäfer und Klimawandel die Wälder sehr gelitten haben: Generell bietet der Harz ein anspruchsvolles wie abwechslungsreiches Terrain mit vielen Höhenmetern und diffizilen Felsengebieten."

Wie sieht die Zukunft für Orientierungsläufer im Harz aus?
„Mein Eindruck ist, dass die Zahl der Veranstaltungen zunimmt. Auch deshalb, weil Ausrichtervereine in anderen Teilen der Bundesrepublik wegbrechen. Allein 20025 richte ich mit meinem Verein ein halbes Dutzend Veranstaltungen bis hin zu Deutschen Meisterschaften aus. Auch ein Verein wie der MTV Seesen, der in den vergangenen Jahren tolle Erfolge eingefahren hat, steht sehr gesund da – auch wenn bei allen Vereinen die Mitgliederzahlen nicht mehr so steigen wie früher. Das hat nicht nur mit der Demografie zu tun. Während es früher viel vereinsorganisiertes Laufen gab, entdecken die Leute heute das Laufen eher individuell für sich. Dem Sport und den Laufveranstaltungen schadet das erstmal nicht. Nach der Corona-Delle sind die Startfelder wieder gut besetzt – teilweise werden sogar neue Rekorde aufgestellt."

BAD HARZBURG
BAD HARZBURGER
Groß Döhren

Top-Events für Ausdauersportler

Im Flachland über lange Strecken laufen, das können viele. Der Harz stellt andere Anforderungen. Ob auf Waldboden oder Asphalt, ob als Marathon-, Trial-, Berg- oder Orientierungsläufer: Der Harz belohnt Ausdauersportler, die das Laufen mit einzigartigen Naturerlebnissen und besonderen Herausforderungen verbinden möchten.

Auf den Brocken

Steile Anstiege und große Höhenunterschiede mit teils alpinem Charakter machen den Harz ideal für Bergläufe. Der Brockenlauf, der Klassiker mit Gipfelankunft auf dem höchsten Berg des Harzes, findet seit 1927 statt und ist einer der ältesten Bergläufe Deutschlands. Die Hauptstrecke geht über 26,2 km von denen 12,1 km bergauf und 14,1 km bergab verlaufen.

Seit 1978 findet jährlich im Oktober der Harz-Gebirgslauf in Wernigerode statt. Das Highlight ist der Brocken-Marathon, einer der härtesten seiner Art in Deutschland, bei dem ebenfalls der höchste Berg des Harzes erklommen wird. Wer es kürzer mag: Weitere Läufe gehen über 22 km, 11 km und 5 km. Der Harz-Gebirgslauf zieht regelmäßig mehrere tausend Teilnehmer an.

Ein weiteres Highlight: der Harztorlauf im Südharz. Neben den gewohnten Strecken wird auch ein Marathon gelaufen, der durch die malerische Landschaft rund ums Harztor führt. Ein traditionelles Laufevent durch den Naturpark Harz mit anspruchsvollen Bergab- und Anstiegspassagen ist der Bad Harzburger Bergmarathon, der in verschiedene Distanzen angeboten wird.

Die Ultra-Marathons

Ein Naturlauf, der traditionell am letzten Samstag im April stattfindet, ist die Harzquerung. Die Hauptstrecke ist ein 51 km langer Ultramarathon, der den Harz von Wernigerode nach Nordhausen in Nord-Süd-Richtung durchquert. Zusätzlich gibt es eine 25 km Strecke von Wernigerode nach Benneckenstein und eine 28 km Strecke von Benneckenstein nach Nordhausen. Noch länger ist die Brocken-Challenge: Der sehr anspruchsvolle Ultramarathon führt von Göttingen auf den Brocken mit einer Distanz von 80 km und 1.900 Höhenmetern.

IM WIND
Segler oder Windsurfer haben ihr Revier auf der Innerstetalsperre, der Odertalsperre oder auf der Okertalsperre.

UNTERWEGS AM FELSEN

Das norddeutsche Kletterparadies
Anfänger wie Fortgeschrittene finden im Harz inmitten eindrucksvoller Naturkulisse abwechslungsreiche Klettererlebnisse. Vor allem die für den Harz so charakteristischen Granitfelsen eignen sich dafür. Das größte Klettergebiet im Harz befindet sich im Okertal bei Goslar. Hier findet sich auf engstem Raum ein breites Spektrum an Möglichkeiten: vom Bouldern in Bodennähe bis zu alpinen Routen über mehrere Seillängen.

Doch auch in anderen Gegenden des Harzes lässt es sich hervorragend klettern, etwa bei Schierke oder auch in Teilen der sagenumwobenen Teufelsmauer bei Blankenburg. Und wer auf Nummer sicher gehen will, auf den warten im Harz diverse Hochseilgärten.

Das Okertal bietet Vielfalt auf engstem Raum: 106 Kletterfelsen mit 1.280 Routen und Varianten.

DIE HERAUSFORDERUNG FÜR ENTDECKER

Die Harzer Wandernadel

Seit 2006 motiviert ein einzigartiges Wander- und Stempelprogramm Wanderer seit 2006 dazu, die schönsten und spannendsten Orte im Harz zu erkunden. In Deutschland wird es nur wenige vergleichbare Wandernadelsysteme geben, mit 222 Stempelstellen über Bundesländer- und Landkreisgrenzen hinweg. Initiator war Michael Lütje aus Wernigerode, ein Mitarbeiter der Kommunalen Beschäftigungsagentur des Landkreises Harz. Er entwickelte eigenständig das gesamte System der „Harzer Wandernadel". Von ihm stammen auch die Entwürfe der noch heute verwendeten Wanderabzeichen. Der Verein „Gesund älter werden im Harz" e. V. mit Sitz in Blankenburg betreibt das Projekt seit 2006 mit Unterstützung durch verschiedene öffentliche Institutionen.

Stempeln gehen

Es gibt 222 Stempelstellen im gesamten Harz. Einige der bekanntesten sind der Gipfel des Brocken, die Teufelsmauer bei Thale, der Hexentanzplatz mit Blick ins Bodetal oder die Okertalsperre. An jeder Stempelstelle befindet sich eine Stempelbox mit einem Stempelkissen. Wanderer sammeln die Stempel in einem Stempelheft, das in Tourist-Infos oder online erhältlich ist. Je nach Anzahl der gesammelten Stempel gibt es verschiedene Abzeichen und Ehrungen. Von der Wandernadel in Bronze bis zum Wanderkaiser reicht das Spektrum. Wer welche Auszeichnung erhält, darüber entscheidet die Zahl der gesammelten Stempel. Neben den regulären Auszeichnungen gibt es spezielle Abzeichen für Kinder oder Geocacher und Themen-Wandernadeln wie den „Harzer Hexenstieg", einer der beliebtesten Weitwanderwege Deutschlands, oder „Goethe im Harz", der zu Stellen führt an denen Goethe einst den Harz erlebte.

Immer beliebter

Wurden bereits im Gründungsjahr 2006 etwa 10.000 Wanderpässe verkauft, so stieg die Zahl bis 2020 auf mehr als 90.000, Tendenz weiter steigend. Auch die höchste Auszeichnung, der Harzer Wanderkaiser, für den Wanderer 222 Stempel benötigen, wird immer beliebter. Von 2006 bis Januar 2025 haben sich bereits über 13.000 Menschen selbst zum Kaiser gekrönt. War ihre Zahl in jedem Jahr bis 2019 dreistellig, erwandert sich seit 2020 jedes Jahr eine vierstellige Zahl an Wanderern die Auszeichnung. Da die Stempelstellen auf eine etwa 2.500 Quadratkilometer große Fläche verteilt sind, müssen potenzielle Wanderkaiser zum Erwerb dieses Titels umfangreiche Wanderungen zurücklegen. Wer einmal mit der Harzer Wandernadel angefangen hat, dem fällt das Aufhören scheinbar schwer.

Im Schatten der Hexen
Harzer Wandernadel
SCHLOSS BLANKENBURG
BLANKENBURG
DIE BLÜTENSTADT
AM HARZ

ÜBER 8.000 KM
gut ausgeschilderte Wanderwege durchziehen den magischen Harz.

ORTOVOX

IMPRESSIONEN

Eine Reise in die Nacht:
der geheimnisvolle Harz

DANKSAGUNG

An allererster Stelle möchte ich meinem Fotografen und mittlerweile engen Freund Lars Wiedemann danken. Drei fantastische Jahre haben wir gemeinsam den Harz bereist, erforscht und selbst für mich auf eine völlig neue Art erschlossen. Unsere Gespräche, dein Blick für die besonderen Momente und deine wertschätzende, empathische Art haben dieses Projekt nicht nur visuell, sondern auch inhaltlich bereichert. Dein unermüdlicher Einsatz, deine Freude an der Natur und dein Gespür für die Menschen dieser Region haben maßgeblich dazu beigetragen, #NeuHarz zu dem zu machen, was es heute ist.

Ein ebenso großer Dank gebührt den Protagonistinnen und Protagonisten dieses Buches – denjenigen, die den Harz mit ihren Ideen, ihrer Leidenschaft und ihrem Engagement vorantreiben. Ihr seid echte Vorwärtsmacher, die mit positiver Energie und Tatkraft den Wandel in dieser Region gestalten. Eure Geschichten inspirieren und zeigen, dass Veränderung möglich ist, wenn man mit Herzblut und Überzeugung daran arbeitet.

Mein Dank gilt auch dem Murmann Verlag, der den Mut hatte, mich als Erstautor in einem fachfremden Bereich zu veröffentlichen. Ihr habt nicht nur den Harz als Region in den Blick genommen, sondern erkannt, dass dieses Buch weit über seine geografischen Grenzen hinaus ein Beispiel für nachhaltige Transformationen in Deutschland sein kann. Ich hoffe, dass diese Initiative Inspiration für weitere Regionen bietet und nachhaltiges Denken und Handeln fördert. Ein besonderer Dank geht hier an Lukas Becker, der dieses Projekt auf Verlagsebene begleitet und vorangetrieben hat.

Ein großes Dankeschön an 2erpack für die großartige Zusammenarbeit. Besonderer Dank gilt Thorsten Karl, der sich mit unglaublicher Hingabe und Präzision in dieses Projekt hineingedacht hat. Dein Talent, Gedanken in Worte zu fassen und auf den Punkt zu bringen, ist einzigartig. Du warst ein echter Sparringspartner auf dieser Reise – ohne dich wäre dieses Buch nicht dasselbe geworden. Dank auch an Hannes Musbach für die Grafik und Thomas Dirolf für das Layout und das feine Auge fürs Detail. Ich bin mir sicher, dass ihr alle im Zuge dieses Projekts zu echten Harz-Fans geworden seid, was mich unglaublich freut. Selten habe ich erlebt, dass ein Team mit so viel Leidenschaft, Energie und Begeisterung an einem Projekt gearbeitet hat.

Mein tiefster Dank gilt meinen Eltern, die mir eine wunderbare Kindheit im Harz ermöglicht und mir zugleich das Sprungbrett in die Welt gegeben haben – aber ohne jemals den Bezug zur Heimat zu verlieren. Mein Dank gilt auch meiner Familie, die mir mit viel Geduld und Verständnis den Freiraum gegeben hat, an diesem Projekt zu arbeiten – selbst an unzähligen Wochenenden, an denen ich nicht zu Hause, sondern wieder einmal im Harz unterwegs war.

Ein herzliches Dankeschön geht außerdem an die zahlreichen Sponsoren aus der Region, die dieses Projekt mit ihrer Unterstützung möglich gemacht haben. Ihr seid ein wichtiger Teil dieser Bewegung und tragt aktiv dazu bei, den Harz voranzubringen.

Besonders hervorheben möchte ich zwei Menschen, die maßgeblichen Anteil an der Entwicklung von #NeuHarz haben:

Melanie Funke von HARZKIND, die mit ihren Ideen, ihrem Engagement und ihrem Gespür für das Projekt eine treibende Kraft war. Sie hat nicht nur mitgewirkt, sondern war auch eine wunderbare Begleiterin in diesem Prozess.

Georg Habighorst, der uns mit seinem Support und seinem Netzwerk großartig unterstützt hat und immer mit Rat und Tat zur Seite stand.

Danke an euch alle – für eure Unterstützung, euer Vertrauen und eure Leidenschaft! Ich glaube fest daran, dass wir mit #NeuHarz etwas angestoßen haben, das in den kommenden Jahren weiter wachsen und neue Impulse setzen wird.

CHRISTIAN HILLE

SPONSOREN

Sympatec GmbH
System | Partikel | Technik

Schmidt-Stiftung Jugend und Sport

Michael Spradau

Tanja und Franz Horn

Georg Habighorst

IMPRESSUM

Bibliografische Information der Deutschen Nationalbibliothek
Die Deutsche Nationalbibliothek verzeichnet diese Publikation in der Deutschen Nationalbibliografie; detaillierte bibliografische Daten sind im Internet über http://dnb.de abrufbar.

ISBN 978-3-86774-818-6

Herausgeber
Christian Hille, Lars Wiedemann

Fotografie
Lars Wiedemann

Konzept und Text
Thorsten Karl
2erpack Identity GbR

Art Direction & Design
Thomas Dirolf & Hannes Mussbach
2erpack Identity GbR

Redaktionelle Koordination
Thorsten Karl
2erpack Identity GbR

Verlag
Murmann Publishers GmbH, Hamburg

Druck und Bindung
Print Best, Viljandi

Besuchen Sie uns im Internet
www.murmann-verlag.de

www.neuharz.de
www.2erpackidentity.com

ClimateCalc™
This printed matter is carbon compensated according to ClimateCalc. Offsets purchased from: GoClimate
www.climatecalc.eu CC-000113/EE

Ihre Meinung zu diesem Buch interessiert uns!
Zuschriften bitte an
info@murmann-publishers.de

Den Newsletter des Murmann Verlages können Sie anfordern unter
newsletter@murmann-publishers.de